安冨信哉

Shinya Yasutomi

親鸞・信の構造

法藏館

親鸞・信の構造＊目次

親鸞・信の構造

序章　親鸞の教学・思想・人間像

近代から現代にかけて、親鸞の思想は、彼自身の著作を通してよりも、『歎異抄』や『恵信尼消息』を通して、つまり親鸞の周囲に生きた人々の証言を通して論じられる傾向が強い。その理由はいくつかあるが、そのうちの一つは、その大半が引用文で占められている親鸞の著作が、難解で要点がつかみにくいという印象を読者に与えてしまうからであると考えられる。あの膨大な引用文に辟易して、中途で読むのを放棄してしまうのはもっともなことであろう。しかし親鸞の教学・思想・人間像を理解するためには、決して親鸞そのひとの著作を無視してはなしえない。その意味において、親鸞の著作をどのように読み解《ほぐ》していくかということは、常に新しい課題であると言えよう。

小稿では、親鸞の著作から、重要と思われるいくつかの言葉を抽出して、一定の項目の下に配列し、自由な角度から光を当てて、その教学・思想・人間像をわれわれの視界の上に浮かび上がらせようと試みてみた。しかし項目別に親鸞の言葉を集録し並べただけでは不十分なので、いくつかの言葉を通して、その背後にある意味を考えてみようと努めた。紙数の制限のため、人間・民族・海・夢・輪廻・死という六つの項目にしか触れられなかったが、片言隻語を介して、親鸞の真実に向かって一歩でも踏み込めれば幸いである。

人間

人間を愛し続けた一人の正直な凡夫

誠に知んぬ。悲しきかな、愚禿鸞、愛欲の広海に沈没し、名利の太山《たいせん》に迷惑して、定聚《じょうじゅ》の数に入ることを喜ばず、真証の証に近づくことを快《たの》しまざることを、恥づべし、傷むべし、と。

（『教行信証』信巻）

親鸞の人と思想について、しばしば指摘されるのは、その人間臭さという点である。たしかに、親鸞の著述や伝記に触れてわれわれが強く印象づけられるのは、その思想と生きざまの人間的なことである。そこには悟り澄ました高僧の面影は認められない。妻子の手を引いて仏道を歩み続ける一人の生活者の風貌がある。内外の煩累に心を悩まし、人間を愛し続けた一人の正直な凡夫の姿がある。しかし親鸞という人は甘くはない。われわれの見るべきものは、あの凄まじいまでの自己凝視の姿勢である。これを『歎異抄』の著者は、つぎのように受けとめる。

自己凝視の姿勢

自身は、是れ現に罪悪生死《しょうじ》の凡夫、曠劫《こうごう》よりこのかた常に没し常に流転して、出離《しゅつり》の縁あることなき身と知れ。

（『歎異抄』後序）

親鸞の自己凝視の姿勢は、その生来の資質に負う面が大きいであろう。だが他面、それが仏教の内観の伝統に根ざしている点を見逃すことはできない。親鸞の内観の姿勢に重大な影響を及ぼしたのは、善導大師の「機法二種の深信《じんしん》」である。この善導教学の真髄を親鸞に伝授したのは、ほかならぬ法然であった。機（自身）と法（如来）の真実相を深く信知せよ、と善導は説く。いま右に引用した一節は、二種のうち「機の深信」の内容である。わずか数語の言葉ではあるが、これこそ「自己とは何ぞや？」という問いに対する如来の解答であり、念仏信仰への水路を開くもっとも大切な宗教的命題である。生死出離の縁なし、と説く「機の深信」は、親鸞には、〈わが身〉の何たるかを開示し、いよいよ弥陀の誓願を仰がせる金言であった。親鸞の著述の底を流れるあの懺悔《さんげ》の韻律は、すべて「機の深信」より流れ出るものであった。

如来によってわが身が照らされるという感動の体験

浄土真宗に帰すれども　真実の心はありがたし
虚仮不実《こけふじつ》のわが身にて　清浄の心もさらになし

悪性さらにやめがたし　こころは蛇蝎《じゃかつ》のごとくなり
修善も雑毒なるゆえに　虚仮の行とぞなづけたる
（『正像末和讃』「愚禿悲歎述懐」）

かつてこのような深い自己告白を日本人が持ったことがあったであろうか。親鸞にとって懺悔とは、自己が〈わが身〉を告発することではなかった。如来によって〈わが身〉が照らされるという感動の体験であった。したがって懺悔はそのまま如来の讃嘆を意味した。だが同時にわれわれが注意しなければならないのは、親鸞において「機の深信」を通して開示された〈わが身〉の地平は、個人的自覚という限定を越えて、普遍的な〈われら〉の地平にまで拡大されているということである。

普遍的な〈われら〉の地平

「具縛《ぐばく》」といふは、よろずの煩悩《ぼんのう》にしばられたる我等なり。「煩」は身をわづらはす、「悩」は心をなやますといふ。「屠《と》」はよろづの生きたるものを殺しほふるもの。これは猟師といふものなり。「沽《こ》」はよろずのものを売り買ふものなり、これは商人《あきびと》なり。是等を「下類」といふなり。……猟師・あき人《びと》、さまぐ〵の者は、みな、石・瓦《かはら》・礫《つぶて》の如くなる我等なり。

（『唯信鈔文意』）

『教行信証』のように威儀を正して漢文体で書かれた著述とちがい、親鸞が晩年にその門弟たちに書き送った消息や和語の註釈の類は、その性格上、抽象的な表現ができるだけ避けられている。いまこの一節で注意されるのは、〈われら〉の地平が明確に打ち出されていることである。ここでは「機の深信」は、観念性を払拭されて、リアルな人間の問題に引き当てられている。この〈われら〉の地平こそ、階級的観念のなかに棲む律令僧にまったく欠けたものであった。この〈われら〉の地平を、非僧非俗の新仏教者親鸞は、流刑のため社会の最低辺にまで身を落とされることによって獲得した。この苦難を機縁に親鸞は、いなかの人々を「御同朋《おんどうぼう》・御同行《おんどうぎょう》」として生きる道を選ぶ。また、仏教を思弁や教養としてではなく、生活者の思想として実践することになる。貧相な一流刑者の囲りには、もはや見下すべき誰もいなかった。まさしくこの北越の辺境で、大地を這って喘ぎながら生きる「辺鄙の群類」(『本願寺聖人伝絵』)に親鸞は接したのである。『大無量寿経』のなかで如来がその対機とした「群萌《ぐんもう》」に開眼したのである。

宿業の自覚

海川に、あみを引き、つりをして世を渡る者も、野山に猪《しし》を狩り、鳥を捕りて命を繋ぐ輩《ともがら》も、商《あきなひ》をもし田畠を作りて過ぐる人も、ただ同じことなりと。さるべき業縁《ごうえん》のもよほせば、いかなる振舞もすべし。

(『歎異抄』第十三章)

ここには万人平等の人間思想がある。その思想の根拠となるのは、「さるべき業縁のもよほせば、いかなる振舞もすべし」という深い宿業の自覚である。この自覚は「機の深信」にほかならない。もとより〈機〉とは、縁に遭遇すればどのようにも変りうるという業縁存在としての人間を規定した仏教の伝統的な概念である。もし聖道門の人々が説くように、持戒・持律をもって出離生死の条件とすれば、一握りの僧侶のほか、ほとんどすべての生活者は、仏教にとって例外者となる。漁師や猟師の殺生、商人の二枚舌ばかりではない。すべての人々がどこかで戒律の禁止条項に触れなければならない。何も好んで触れるのではない。宿業のもよおしによって、人はそこに落在するのである。僧侶がもしわれらを悪人と呼ぶなら、悪人こそもっとも如来の救済の対象となるべきではないのか。人里離れた深山幽谷にあって、ひとり身を浄くして持戒生活を営む僧侶(善人)は、独善の人、もっと言えば偽善者ではないのか。要するに、聖道門の僧侶には「機の深信」がないのではないか――。ここまで論理を押し進めたとき、「悪人正機」は至極当然な正論となったのである。

悪人正機

「善人なほもて往生を遂ぐ、いはんや悪人をや」。しかるを世の人つねに曰く、「悪人なほ往生す、いかにいはんや善人をや」。この条一旦その謂《いは》れあるに似たれども、本願他力の意趣に背けり。その故は、自力作善《さぜん》の人はひとへに他力をたのむ心欠けたる間、弥陀の本願にあらず。しかれども、自力の心を廻《ひるが》へして他力をたのみたてまつれば、真実報土《ほうど》の往生を遂ぐるなり。煩悩《ぼんのう》具足の我等はいづれの行にても生死《しょうじ》を離るることあるべからざるを憐《あはれ》みたまひて、願をおこしたまふ本意、悪人成仏のためなれば、他力をたのみ奉《たてまつ》る悪人もっとも往生の正因なり。よって「善人だにこそ往生すれ、まして悪人は」と仰せ候ひき。

（『歎異抄』第三章）

民　族

神祇不拝、習俗化した仏教の否定

かなしきかなや道俗の　良時吉日えらばしめ
天神地祇《ちぎ》をあがめつつ　卜占祭祀《ぼくせんさいし》をつとめとす
かなしきかなやこのごろの　和国の道俗みなともに

仏教の威儀をもととして　天地の鬼神を尊敬す
（『正像末和讃』「愚禿悲歎述懐」）

アメリカ・バックネル大学の社会学部教授、ジェラルド・クック氏は、親鸞を「非伝統的日本人《ノン・トラディショナル・ジャパニーズ》」と規定し、その根拠として、〔I〕信心の主体的性格（絶対他者との緊張関係の保持）、〔II〕非僧非俗（新しい型の仏教信仰の樹立）、〔III〕御《おん》同朋・御同行主義（絶対者の前での平等の主張）、という三つの理由を挙げて説明している（参照、「真宗大谷派における教団改革の苦闘」『真宗』一九七八年八・九月号）。この見解はわれわれに頷かせるものを多く含んでいる。だがもしこれにもう一項目付け加えるならば、〔IV〕民族宗教の超克（神祇不拝、習俗化した仏教の否定）を挙げることができよう。親鸞における民族の問題は、親鸞の仏教思想と神祇信仰およびそれと癒着した旧仏教との否定的対立関係を視座として把えるのが適切であろう。

論語の親鸞流の読み方

『論語』に云く、季路問はく、「鬼神に事《つか》へんか」。子の曰く、「事ふること能はず、人焉《いずくん》ぞ能《よ》く鬼神に事へんや」と。
（『教行信証』化身土巻）

『論語』（「先進篇」第十一）に言《こと》寄せて、親鸞はその神祇観を述べている。親鸞の訓《よ》み方は強引というほかはない。正しくは、「季路、鬼神に事へんことを問ふ。子曰く、いまだ人に事ふる能はず、焉ぞ能く鬼に事へん」と訓まれなければならない。鬼神を貶《おと》しめんがために、親鸞はこの『論語』の一節に、あえて無理な訓読をほどこしたのである。親鸞の『論語』の素養の深さ、聖人一流のしたたかさに驚かされるが、ともかくここに、その神祇不拝の強い姿勢をみることができる。

民族宗教から世界宗教へ

五濁増のしるしには　この世の道俗ことごとく
外儀は仏教のすがたにて　内心外道を帰敬《ききょう》せり
（『正像末和讃』「愚禿悲歎述懐」）

平安初期以降、在来の神々がそれぞれ特定の本地仏をもつという本地垂迹説が整備され、神仏一体の観念が成立する。親鸞がその青年期に比叡山で遇った日本仏教の実態は、まさに神祇信仰と一体化して民族宗教へと顚落してしまったその姿であった。これに抗して、民族宗教に堕した「日本仏教」を雑行《ぞうぎょう》　雑修《ざつしゅ》として否定して、浄土宗独立を宣言した法然の事業は、まさに仏教そのものの本来性を回復せんとする革命的な事件であった。親鸞は、この法然浄土教との出遇いを通して、三国七高僧の仏教の伝統、すなわち民族を越えた世界宗教に目覚めるのである。

「日本仏教」に末法の如実相をみる

爰《ここ》に愚禿釈の親鸞、慶ばしい哉、西蕃《せいばん》・月氏《がっし》の聖典《しょうでん》、東夏《とうか》・日域《じちいき》の師釈、遇ひ難くして今遇ふことを得たり、聞き難くして已《すで》に聞くことを得たり。
（『教行信証』総序）

親鸞は、その生涯を通して一度も日本を離れたことはなく、したがって他民族と直接に接触するという経験を持ったことがない。その親鸞が民族的自覚を持つことができたのは、世界宗教たる三国仏教に照らされて、日本の民族仏教を見直したからであった。親鸞の眼には、良時・吉日をえらび、天神・地祇を崇め、卜占・祭祀を事とする「日本仏教」は、まさに外道以外の何物でもなかった。親鸞はここに末法の如実相を見るのである。

鬼神への畏怖心から解放された純粋仏道

已上十六首、これは愚禿がかなしみなげきにして述懐としたり。この世の本寺本山のいみじき僧とまふすも法師とまふすも憂きことなり。

（『正像末和讃』「愚禿悲歎述懐」結語）

しかも神仏習合の上に立つこの「日本仏教」は、鎮護国家を祈願する司祭者として機能し、その代償として政治権力によって護持されていた。法然の浄土教流布は、政治権力と一体化した南都・北嶺の諸大寺院の反感を買い、しばしば弾圧事件へと発展したが、その弾圧の口実に、天地の神々を軽侮したという理由が挙げられるのは不思議ではない。一方、親鸞の場合はどうであろうか。親鸞はその生涯を一貫して、法然の指教《しきょう》を忠実に守り、念仏以外の諸善根を雑行《ぞうぎょう》雑修《ざっしゅ》あるいは罪福信《ざいふくしん》として廃捨した。このように信仰の純潔を妥協なく貫いた親鸞には、日本人の民族的業（共業《ぐうごう》）ともいうべき、鬼神への畏怖心から解放された断乎たる純粋仏道への志願が窺われる。

鬼神から奪取した主座

念仏者は、無碍の一道なり。そのいはれ如何《いかん》とならば、信心の行者には天神《てんじん》・地祇《ちぎ》も敬伏《きょうぶく》し、魔界・外道も障碍《しょうげ》することなし、罪悪も業報を感ずることあたはず、諸善も及ぶことなき故に無碍の一道なりと云々。

（『歎異抄』第七章）

このような一向専念の立場をとる親鸞にとって、もはや鬼神が、弥陀の絶対力の前にその主座を奪われてしまうのは、当然の成り行きである。

弾圧者には憐愍《あわれみ》をなし不便に思え

天神地祇はことごとく　善鬼神となづけたり
これらの善神みなともに　念仏のひとをまもるなり

願力不思議の信心は　大菩提心なりければ
天地にみてる悪鬼神　みなことごとくおそるなり
（『浄土和讃』「現世利益和讃」）

一般庶民、とりわけ数的に多い農民が基盤であった親鸞門徒は、東国を中心に散在したが、彼らの専修念仏の実践は、氏神・祖神・国神を祀る地域共同体のなかで、しばしばトラブルを引き起こした。在地の領家・地頭・名主は、訴えをうけて、「神祇蔑視」「余仏軽侮」「ひがごと」等を口実に念仏集団に弾圧を加えた。これに対して親鸞が門徒に勧めたことは、弾圧者には憐愍《あわれみ》をなし不便《ふびん》に思って、彼らのために念仏せよということであった。弾圧に対しては、対決よりも超越の姿勢で臨んだと言えよう。

以上によっても窺われるように、親鸞において民族的自覚は、三国（インド・中国・日本）仏教の伝統に照らされて、民族宗教たる神祇信仰、それと一体化した日本仏教、その護持者として念仏弾圧に与《くみ》する政治権力の本質を見抜くことによって獲得された。だがこの場合、親鸞は、民族の伝統をそののまますべて否認し尽くしたのではない。親鸞は日本民族の祖《おや》として聖徳太子に限りない尊敬の念を捧げるのである。

聖徳太子の恩徳に懐く謝念

無始よりこのかたこの世まで　聖徳皇《おう》のあはれみに
多々のごとくにそひたまひ　阿摩《あま》のごとくにおはします

和国の教主聖徳皇　広大恩徳謝しがたし
一心に帰命したてまつり　奉讃不退ならしめよ
（『正像末和讃』「皇太子聖徳奉讃」）

親鸞が太子の恩徳に懐く謝念は、決して太子が天皇の一族だったからではない。その謝念の最大理由は、太子が、古来の民族宗教と妥協せずに、日本民族の前に初めて、宗教そのものとしての仏道を開示したからであった。しかし聖徳太子の仏教宣布には多くの障害を伴った。その象徴的な出来事が物部《もののべの》守屋《もりや》による仏教排斥であった。親鸞は、この守屋の所業に対して、尋常一様ではない関心を示した。『正像末和讃』所収の「善光寺如来和讃」五首は、すべて物部守屋の仏教排斥に関するものである。それればかりではない。親鸞には、『正像末和讃』の太子和讃とは別に、もう一本の『皇太子聖徳奉讃』七十五首が遺されており、そのうち九首が守屋の排仏について詩《うた》われているのである。そこでは物部守屋は、あたかも太子神話劇のトリックスターの役を演じさせられているかのようである。

太子と物部守屋の闘いは仏教と民族宗教との闘い

如来の遺教《ゆいけう》を疑謗し　方便破壊《はえ》せむものは
弓削《ゆげ》の守屋とおもふべし　したしみちかづくことなかれ

物部弓削の守屋の逆臣は　生々世々にあひつたへ
かげのごとく身にそひて　仏法破滅をたしなめり

つねに仏法を毀謗《くゐはう》し　有情《うじやう》の邪見をすすめしめ
頓教破壊《とむげう》せむものは　守屋の臣とおもふべし
（『皇太子聖徳奉讃』）

親鸞は、日本の仏教者の原型《アーキタイプ》を聖徳太子に見た。それと同時に反仏教者の原型を物部守屋に見た。太子と守屋の闘いは、そのまま仏教と民族宗教との闘いであった。やがて平安期を通じて、両者の闘いは、「神仏習合」の名のもとに、仏教が民族宗教の側に呑み込まれるという形で結末を迎える。親鸞は、両者の闘いの神話的原型を太子と守屋の争いに見て、その投影を念仏弾圧という具体的事実の上に見つめたのである。

海

光の形而上学と海の教学

竊《ひそか》に以《おも》みれば、難思《なんし》の弘誓は難度《なんど》海《かい》を度する大船、無碍の光明は無明の闇を破する恵日《えにち》なり。
（『教行信証』総序）

親鸞の主著『教行信証』は、この一節によって滑り出す。ここで予示されるトーンは、一見して明らかなように〈海〉と〈太陽〉である。このトーンは本書の全体を貫いて最後まで保持される。「もう一度探し出したぞ。何を？　永遠を。それは、太陽と番《つが》った海だ」（「永遠」）と詩人ランボーは詩《うた》ったが、〈海〉と〈太陽〉は、人間が直感したもっとも具体的な永遠のイメージだ。親鸞の思想が「光の形而上学」であることは言うまでもない。が、同時に「海の教学」であることは案外知られていない。もとより仏教には、原始経典の時代から〈海〉によって真実を開示するという「海の系譜」がある。しかし親鸞の場合は特別である。ある人が教えたところ、〈海〉という文字は、親鸞の全述作で百四カ所に用いられ、その種類は三十二種に及ぶという。法然の『選択集』に〈海〉の語がほとんど見られないことを考えれば、これは実に不思議なことである。

海の同化作用

如来、世に興出《こうしゅつ》したまうゆえは　ただ弥陀本願海を説かんとなり
五濁悪時の群生海《ぐんじょうかい》　如来如実の言《みこと》を信ずべし
（『教行信証』行巻「正信念仏偈」）

ここでは「本願海」と「群生海」とが対句になっている。前者の海は如来に連なるが、このような〈海〉を、親鸞はほかに「光明海」「大信心海」「功徳大宝海」「願海」「一乗海」……とも言っている。他方、後者の海は衆生に連なるが、このような〈海〉を「生死海」「群生海」「無明海」「愚痴海」「愛欲の広海」……とも言っている。親鸞の〈海〉は、このどちらかの系列に入っていると考えてよい。つまり「昼の海」か「夜の海」かのいずれかである。しかしこの二つの〈海〉は互いに断絶しているというわけではない。衆生に対する如来の慈悲心は、闇に沁み込む光の作用に喩えられるが、これと同様に、それは、万川《ばんせん》の濁り水をへだてなく受け入れる海の同化作用に喩えられる。

「濁水」から「宝海」への転化

本願力にあひぬれば　むなしくすぐるひとぞなき
功徳の宝海みちみちて　煩悩の濁水へだてなし

（『高僧和讃』天親菩薩）

この一首では、「功徳の宝海」と「煩悩の濁水」が照応し、本願力が働いて「濁水」が「宝海」に転ぜられると詠われている。この「転成」の論理こそ、小乗仏教の《死の思想》（断煩悩得涅槃）から大乗仏教の《生の思想》（不断煩悩得涅槃）へのコペルニクス的な転回を可能にした決定的な論理である。

如来の救済意志は一切衆生に徹透

「海」といふは、久遠より已来、凡聖所修の雑修、雑善の川水《せんすい》を転じ、逆謗闡提《せんだい》・恒沙《ごうじゃ》無明の海水を転じて、本願大悲智慧真実・恒沙万徳の大宝海水と為す。之を「海の如し」と喩ふるなり。良《まこと》に知んぬ。『経』に説きて「煩悩の氷解けて功徳の水と成る」と言ふが如し。「願海」とは、二乗雑善の中・下の屍骸《しがい》を宿さず。何《いか》に況んや、人天の虚仮・邪偽の善業《ぜんごう》・雑毒雑心の屍骸を宿さん乎《や》。

（『教行信証』行巻）

右の引用文の一々については説明が必要であるが、要するに親鸞は、如来の本願の救済意志が一切衆生に徹透することを、ダイナミックな海の同化作用に喩えたのである。この《海》について親鸞は、「一乗海」という概念をもって簡潔に表現した。

一乗海の思想は人間解放の論理

敬うて一切往生人等に白《まう》さく、弘誓《ぐぜい》一乗海は、無碍・無辺・最勝・深妙・不可説・不可称・不可思議の至徳を成就したまへり。何を以ての故に、誓願不可思議なるが故なり。（『教行信証』行巻）

一乗海の思想は、人間を相対差別という人為の世界から解放し、在家・出家、男・女、貴・賤の差別なく平等に涅槃の世界に誘引するという、人間解放の論理である。すでに東洋の思想史のうえでは、「一者」「渾頓」を説いた荘子の万物斉同の思想がある。一乗海の所説は、ある面において、あらゆる差別を否定した荘子の思想に相通ずるものがある。ただ注意しなければならないのは、親鸞の思想は、理念にとどまるのではないということである。「願海平等」（『教行信証』信巻）の所説は、南無阿弥陀仏という実語をもって等しく衆生に廻向されるのである。

「海一味」の思想

よく一念喜愛の心を発すれば　煩悩《ぼんのう》を断ぜずして涅槃《ねはん》を得るなり
凡聖《ぼんしょう》、逆謗《ぎゃくほう》ひとしく廻入《えにゅう》すれば　衆水の海に入りて一味なるが如し
（『教行信証』行巻「正信念仏偈」）

この一節では、理念的な一乗海の思想は、さらに「海一味」の思想にまで収斂され、具体化される。あらゆる河川は、海に流入すると、個別的な水の味を失って同一の塩水に転ずる。海一味という語は、この自然の作用を示すものである。が、この海の論理に学んで、凡夫・聖人、五逆・謗法の者も、一念の信において等しく涅槃を得る、といわれる。古来東洋には、自然を尊敬し、自然に学ぶという寄

物陳思の伝統がある。海一味の真実に学んだ親鸞には、一種の生態学的思考があると言えないだろうか。

親鸞はいつこのような「海の思想」を育んだのか。多くの先哲は、越後流罪という事件が親鸞が海に関心を寄せる大きな契機になったと推測する。親鸞が五年間の流刑生活を送った国府は、日本海の居多ケ浜に面した海村である。この地にあった親鸞もしばしば浜辺に出て、潮焼けした漁夫と談笑したり、千変万化の海の雄大な景観に長い間魅入られることがあった、と思われる。この生活のなかで、親鸞は、海のあの大らかさを心のなかに育むとともに、海のイメージが意識の深層に胚胎されたのであろう。やがて海は、想像力の源泉となり、親鸞が自ら到達した真実を開示するための、必要欠くべからざるシンボルとなったのであろう。

海の光景に象徴される信仰的世界

爾《しか》れば、大悲の願船に乗じて、光明の広海に浮びぬれば、至徳の風静かに、衆禍《しゅうか》の波転ず。即ち無明の闇《あん》を破し、速《すみやか》に無量光明土に到りて、大般涅《はつ》槃を証す、普賢《ふげん》の徳にしたがふなり。知る可《べ》し、と。

（『教行信証』行巻）

この詩趣に富んだ一節は、信仰的世界と海の光景がオーヴァーラップして、本願救済の論理を見事に視覚化している。〈海〉は、親鸞教学への扉を開く一本の鍵である。

夢

親鸞の夢に現われる聖徳太子の存在

山を出て六角堂に百日籠らせ給て、後世《ごせ》を祈らせ給けるに、九十五日の暁《あかつき》、聖徳太子の文《もん》を結びて示現《じげん》に預《あづ》からせ給て候ければ、やがてその暁出でさせ給て、後世のたすからんずる上人に逢ひ参らせんと尋ね参らせて、法然上人に逢ひ参らせて、又六角堂に百日籠らせ給て候けるやうに、又百ケ日降るにも照るにも如何《いか》なる大事にも参りてありしに……。
（『恵信尼消息』第三通）

親鸞の精神世界を理解しようとするとき、われわれが一種の戸惑いを覚えるのは、おそらく親鸞の夢に現われる聖徳太子の存在であろう。膨大な引用文から成る『教行信証』には、一度も聖徳太子の姿は見えない。しかし親鸞は、ほぼ二百首の聖徳太子和讃を遺している。それよりも問題なのは、親鸞が、その魂の危機に瀕したとき、夢の回路を経て姿を現わす聖徳太子にしばしば救われたという事実である。平常なとき親鸞の意識の深奥に眠っている太子は、親鸞が人生の重大な岐路にさしかかったとき、突如口を開けてその進むべき針路を告命《ごうみょう》する。この〈夢告の太子〉は、親鸞が「和国の教主」と呼んで尊崇したあの〈史実の太子〉とならぶ、もう一つの太子像である。

聖道門の修行の成就し難いことを悟った二十九歳の親鸞は、鉛のように重たい身体を引きずって比叡山を降り、聖徳太子の創建と伝えられる六角堂頂法寺に参籠する。聖徳太子の文を結んで祈願した親鸞は、九十五日の暁け方、ついに示現を受ける。その結文の内容は何であったのか。また示現の文は何を親鸞に告命したのか。親鸞の妻恵信尼の消息にはそれについては記していない。結文の内容はともかくとしても、示現の文については、「女犯《にょぼん》の偈文《げぶみ》」であったという説がもっとも有力である。

愛欲とその浄化

行者、宿報にて設《たと》ひ女犯すとも　　我、玉女《ぎょくにょ》の身と成りて犯《ほん》せられむ
一生の間能《よ》く荘厳《しょうごん》して　　臨終に引導して極楽に生ぜしめん
（『親鸞夢記』）

これまで伝説とされてきたこの四句偈も、近年親鸞の真筆が発見されて、もはやこの告命《ごうみょう》の真実性を疑うことができなくなった。右の文に明らかなように、この偈文は、愛欲とその浄化《カタルシス》について語っている。このことは、とりもなおさず若き親鸞の苦悩がどこにあったのか、その所在を明示する。禁欲的な修道生活のなかで、親鸞は、止めどなく昇ってくる烈しい性衝動に身悶える。この危機が頂点に達したとき、救世観音と化した聖徳太子が夢を通して降臨し、この四句の偈文を告命する。親鸞は、この神托夢の体験によって、不邪婬戒を破る恐怖から解放され、妻帯が往生の障りにならぬと確信する。そして「現世をすぐべき様《よう》は、念仏の申されん様にすぐべし……ひじりで申されずば、妻《め》をまうけて申すべし」（『禅勝房伝説の詞』）と説く法然の下へと直参する決意が生まれる——。ほぼ以上のような心の動きがあったと推察される。

聖徳太子の夢告によって与えられた「善信」の名

又夢の告に依りて、「綽空《しゃっくう》」の字を改めて、同じき日、御筆を以て名の字を書き令《し》めたまひ畢《おは》り

ぬ。本師聖人、今年七旬三の御歳なり。　（『教行信証』化身土巻「後序」）

右の夢告が正確にはいつのものかは不明である。覚如の『拾遺古徳伝』（巻六第五段）や存覚の『六要鈔』（第一撰号）によれば、出家以来範宴《はんえん》と名告ってきた親鸞は、右の夢告によって、聖徳太子から「善信」という名を与えられたと伝えられる。おそらく親鸞は、この夢告の名を心の奥に秘していたのであろう。そして法然より「綽空」の名を与えられてしばらくしてから、この「善信」という夢告の名を法然に打ち明け、それを承認してもらったのであると思われる。嵯峨野の二尊院に現存する『七箇条起請文』には「僧綽空」という親鸞自筆の署名が見えるから、親鸞は吉水門下でしばらく「綽空《しゃっくう》」と名告っていたと考えられる。親鸞が今の名で呼ばれるにはいくつかの曲折があった。範宴（叡山時代）→綽空（吉水時代）→善信（夢告）→藤井善信《よしざね》（罪名）→親鸞（流罪後）と度々変っているが、このうち「善信」と「親鸞」の二つの名が生涯の名となった。それはともかくとして、聖徳太子の夢告が、女犯という性の問題に解決を与えただけでなく、名前というアイデンティティの問題にまで関係しているのは、大変に興味深い。

ところで聖徳太子の告命は、伝説を別にすれば、これ以後ぱったりと記録のなかから途絶える。わずかに寛喜三年四月の夢の体験が恵信尼の手紙（第五通）に明らかであるが、太子の告命とは無縁のようである。ということは、もはや親鸞の魂には、かつてのような危機の訪れることがなくなったという意味ではないのだろうか。ところが親鸞は、その最晩年にもう一度聖徳太子の告命にその行路を指示されることになるのである。パスカルの回心《かいしん》録である『覚え書《メモリアル》』を思わせるその体験は、親鸞の意識の深奥で深い眠りについていた太子がふたたび眼を醒ましたことを示すものである。

危機に瀕した老親鸞の夢の中に再臨した太子

康元二歳丁巳《ひのとのみ》二月九日の夜寅時《とらのとき》夢に告げていはく、

弥陀の本願信ずべし
本願信ずるひとはみな
摂取不捨の利益にて
無上覚をばさとるなり

この和讃をゆめにおほせをかふりて、うれしさに書きつけまゐらせたるなり。

（『正像末和讃』夢告讃）

一見何の変哲もない右の和讃こそ、親鸞の信の動揺を如実に示している。この前年、東国の門弟の様々ないざこざに心を痛めた親鸞は、実子善鸞にその元凶を見て義絶する。この悲劇のなかで八十四歳の老親鸞は魂の深い危機を体験する。右の和讃は、この危機のなかで聖徳太子が夢に再臨したことを物語る。この和讃の署名が太子と因縁の深い「善信」であり、末尾に「皇太子聖徳奉讃」十一首が付されていることからみても、夢告が太子の夢告であることに間違いはない。とまれ親鸞はその生涯に数度、夢のなかに影現《ようげん》した聖徳太子によって魂を導かれたのである。夢は親鸞思想の一源泉である。

輪　廻

仏教においては、あらゆる衆生は、その罪悪のゆえに、天上・人間・修羅・畜生・餓鬼・地獄という六道の世界を、生まれ変り死に変りして、あたかも車輪の果てしなく回るように転生すると説かれる。それがサンサーラsamsāraである。サンサーラは、「生死《しょうじ》」あるいは「輪廻」と漢訳されたが、はたして親鸞においては、この仏教の根本思想はどのように受容されているだろうか。

親鸞の聖道修行の体験の告白

自力聖道《しょうどう》の菩提心　　こころもことばもおよばれず
常没流転の凡愚は　　いかでか発起せしむべき
三恒河沙《さんごうがしゃ》の諸仏の　　出世のみもとにありしとき
大菩提心おこせども　　自力かなはで流転せり
（『正像末和讃』）

「流転」。これはサンサーラの現実にはほかならない。この二首の背景に、二十年に及ぶ親鸞自らの聖道修行の体験が告白されているとは言えないだろうか。伝説によれば、九歳のとき親鸞が仏門に入った最大の動機は、早逝した両親の菩提を弔うことであった。親鸞に限らず、当時多くの少年がこのような動機で入山したのであった。いわば菩提心に促されて出家・修道に入ったのである。古来菩提心は仏道成就の根本条件であるとされるが、その内容を端的にいうなら「四弘誓《ぐぜい》願」に集約することができよう。㈠一切衆生の救済、㈡自己の煩悩の断滅、㈢あらゆる法門の通達、㈣無上仏道の証得。この四つの志願の成就を通して、成仏へと到るのである。まことにこの道は「聖道門《しょうどうもん》」である。青年期の親鸞の苦闘と苦悩は、ひとえに「聖道」の成就であった。しかしそこで得た結論は、両親の菩提を弔う（利他）どころか自分の救い（自利）すら覚束ないということであった。

「流転」の深い絶望に沈む親鸞が法然を訪ねた動機は、「生死出ずべき道」（『恵信尼消息』第三通）を聞かんがためであった。そこに「生死」（サンサーラ）の苦悩がいかに親鸞において深かったかを窺うことができる。法然のもとに「百ケ日降るにも照るにも如何なる大事にも」（『同上』）日参した親鸞が出離生死のための最大問題としたのは、恐らくこの菩提心の問題であったろう。しかるに法然は、大乗仏教において最要とされる菩提心を廃捨し、罪悪の凡夫の浄土往生は本願念仏のみと説いたのである。

信心のみが「生死輪転」の苦を救う

「生死輪転の家に還来することは
決するに疑情を以て所止と為し
速《すみやか》に寂静《じやくじやう》無為の楽《みやこ》に入ることは
必ず信心を以て能入と為す」といへり。

（『教行信証』行巻「正信念仏偈」）

信心のみが「生死輪転」の苦を救う。この法然の所説はどれほど親鸞に希望を与えたことであろうか。

法然との邂逅への謝念

曠劫多生のあひだにも　出離の強縁《がうえん》しらざりき

本師源空いまさずは　このたびむなしくすぎなまし
（『高僧和讃』源空上人）

親鸞は法然（源空の房号）との邂逅についてこのように謝念している。「むなしくすぎる」（空過）とは、サンサーラの現実である。このように「空過」する現実こそが、「煩悩具足の凡夫・火宅無常の世界」（『歎異抄』後序）といわれる人間とこの世の実相である。この痛切なサンサーラの実感が、親鸞における生の根本気分であった。親鸞の宗教感情の低音部に流れるのはこの根本気分である。その高音部に流れるのは、如来の大悲廻向への感謝である。親鸞の宗教詩である『和讃』には、この二つの感情が交響しているようである。

大願のふね

往相還相《おうそうげんそう》の廻向に　まうあはぬ身となりにせば
流転輪廻のきはもなし　苦海の沈淪いかがせん
弥陀・観音・大勢至　大願のふねに乗じてぞ
生死のうみにうかみつつ　有情《うじょう》をよばふてのせたまふ
（『正像末和讃』）

すべてが変転するサンサーラの世界を、親鸞は、しばしば暗い、深い〈海〉に喩えた。またこのサンサーラの〈海〉に沈む衆生を救う弥陀の慈悲を、しばしば〈船〉に喩えた。このような喩えは、法然の法語において、あまり例がないと思われる。だがサンサーラからの解脱ということで、親鸞がさらに一歩法然の思想を進めた点は、その「現生不退《げんしょうふたい》」「現生正定聚《げんしょうしょうじょうじゅ》」の思想であろう。親鸞において『大無量寿経』の本願成就文の「願生彼国、即得往生、住不退転」という語は非常に深い意味をもった。この一節は、浄土に生まれんと願えばもはやサンサーラに退堕することはないという、親鸞において決定的となった言葉である。親鸞はこの教えに教示されて、往生という宗教的救済の出来事をたんに未来のものとせず現在にまで引き寄せた。

現生不退、現生正定聚の姿勢

「願生《がんしやう》彼《ひ》国《こく》」はかの国に生まれんと願へとなり。「即得往生《そくとくわうじやう》」は、信心をうればすなはち往生すといふ、「すなはち往生す」といふは、不退転に住するをいふ。「不退転に住す」といふは、すなはち正定聚の位に定まるなり、「成等正覚《じやうとうしやうがく》」ともいへり、これを「即得往生」といふなり。「即」はすなはちといふ、「すなはち」といふは時をへだてず日をへだてぬをいふなり。

（『唯信鈔文意』）

『大無量寿経』の本願成就文《もん》に照らされて、親鸞は、「現生不退」「現生正定聚」という積極的な生の姿勢についてこのように述べる。この文をいま少し敷衍するなら次のようであろう。往生は、信心獲得のとき、日時を隔てず、即時に成就される。すなわち不退転に住する。不退転に住するとは、生死流転の果てしない凡夫が、不退の位、つまり正定聚・等正覚の位に入るということである。この成仏必定の地位に入れば、もはやサンサーラに退転する気づかいはないから、われら凡愚も、強暴なサンサーラの渦を横さまに超えるのである。すなわち虚心平気にこの現在生を生き切るのである——と。何という力強い言葉であろうか。親鸞において往生極楽の道とは、このような積極的な生の姿勢であった。この書き付けの対象は、文字の意《こころ》も知らぬ「いなかの人々」であった。懇切丁寧に、あたかも諄々と畳み込むように、一語一語が註解されている。ここに親鸞の人柄を偲ぶことができる。

死

中世の歴史的転換期、人々は、戦乱・飢饉・地震・疫病等による防ぎようもない死の襲来に、痛切に人間無力を感ずるとともに、死への決意を持つことを否応なく突きつけられた。当時の遁世者が、「世間・出世、至極、ただ死の一事なり」（『一言芳談』）と言い、「死を忘れるな《メメント・モリ》」を合言葉にしていたのは自然であったろう。親鸞もまた出生以来、度重なる死の危機に身を晒された。少年期の大飢饉や大戦乱、流刑地での苛酷な生の試練をはじめとして、幾度か訪れた危機に死を直視しなければならなかった。親鸞の著述に、「生死」の業苦について述べた箇所が多いのは不思議ではない。だが意外なことに、親鸞の語録には、自己の死そのものについて述べた部分は少ない。

親鸞の遺言

某《それがし》親鸞閉眼せば、賀茂河に入れて魚《うを》に与ふべし。（『改邪鈔』第十六）

ここには極めてドライな親鸞の死生観がある。民衆があれほど気に病んだ臨終の善悪相をいささかも意に介していない。親鸞は、死後その肉身が犬に喰われるままに放置されたと伝えられる賀古の教信沙弥《しゃみ》を人生の手本にしたが、右の遺言は、その親鸞にいかにも似つかわしい。

信心決定の人は……

何よりも、去年《こぞ》・今年、老少男女《なんにょ》多くの人々の死にあひて候らんことこそ、あはれに候へ。たゞし生死《しやうじ》無常の理《ことわり》、くはしく如来の説きおかせ在《おわ》しまして候うえは、驚き思召《おぼし》すべからず候。まづ善信が身には、臨終の善悪をば申さず、信心決定《けちぢやう》の人は、疑ひの無ければ正定聚に住することにて候なり。さればこそ愚痴・無智の人も終りもめでたく候へ。

（『末灯鈔』第六通）

正元・文応の頃、諸国は飢饉と悪疫のため多数の死者が出た。右は八十八歳の老親鸞（善信）が常陸《ひ》国《たち》の乗信に宛てた手紙の一節である。さし迫る死の危機に人々は絶望に追いやられた。このため親鸞の門弟のなかにも信仰に動揺を来たすものがあったのであろう。死の畏怖に対して親鸞が説いたことは、信心が決定すれば、成仏は必定であるから、死にざまや死後のことを思い悩む必要はないということであった。

金剛の信心を持つ者は永遠の生をもつ

五濁悪世のわれらこそ　金剛の信心ばかりにて
ながく生死をすてはてて　自然《じねん》の浄土にいたるなれ

金剛堅固の信心の　さだまるときをまちえてぞ
弥陀の心光摂護《しょうご》して　ながく生死をへだてける

（『高僧和讃』善導大師）

決定の信とは、金剛の信心である。この信を持つ者は、生からも死からも自由になる。この自由を持つ者は、永遠の生をもつ。「大信心は則ち是れ、長生不死之神方《ちょうせいふしのしんぽう》」（『教行信証』信巻）といわれる所以である。親鸞において、往生のため肉体的死そのものが希求されたことはなかった。その点、「死を急ぐ心ばえは、後世《ごせ》の第一の助けにてあるなり」（『一言芳談』）と言って、踊躍歓喜して死に急いだ遁世者たちとは対極的であった。遁世の聖《ひじり》たちの死に急ぐ心持は、親鸞の眼には〈はからい〉（不自然）と映った。

娑婆の縁尽きて、力なくして終るとき……

「念仏申し候へども踊躍《ゆやく》歓喜の心疎《おろそか》に候こと、又いそぎ浄土へ参りたき心の候はぬは、如何《いか》にと候べきことにて候やらん」と申しいれて候ひしかば、「親鸞もこの不審ありつるに、唯円房おなじ心にてありけり、よく〳〵案じみれば、天に躍《おど》り地に躍るほどに喜ぶべきことを喜ばぬにて、いよ〳〵『往生は一定』と思ひたまふべきなり。喜ぶべき心を抑へて喜ばせざるは煩悩《ぼんのう》の所為《しょい》なり。しかるに仏かねて知ろしめして、『煩悩具足の凡夫』と仰せられたることなれば、『他力の悲願は此《かく》の如き我等がためなりけり』と知られて、いよ〳〵頼もしく覚ゆるなり。また浄土へいそぎ参りたき心の無くて、いさゝか所労のこともあれば、『死なんずるやらん』と、心細く覚ゆることも煩悩の所為なり。久《く》遠劫《おんごう》より今まで流転せる苦悩の旧里は棄てがたく、いまだ生れざる安《あん》養《にょう》の浄土は恋しからず候こと、まことによく〳〵煩悩の興盛《こうじゃう》に候にこそ。名残《なご》り惜しく思へども、娑婆の縁尽きて、力なくして終るときに、彼の土へは参るべきなり。いそぎ参りたき心なき者を、ことに憫《あはれ》みたまふなり。これにつけてこそ、いよ〳〵大悲大願は頼《たの》もしく、往生は決定《けちぢゃう》と存知候へ。

踊躍歓喜の心もあり、いそぎ浄土へも参りたく候はんには、『煩悩の無きやらん』とあやしく候ひなまし」、と云々。
（『歎異抄』第九章）

親鸞は、唯円の心の動きを十分に心得ていて、懇切にその問いに応答している。その語気は和らかく暖かい。文面を見るかぎり、やはり親鸞も、往生＝死、成仏＝死、極楽浄土＝死後の世界、といった古来の素朴な宗教意識を継受しているかにみえる。しかし親鸞のいう「彼の土」とは、中古人の考えたような、現世の時間的連続としての死後の世界というようなものではなく、娑婆と否定的に対立する無限者の世界を意味したのである。わたしたちが注意すべきは、〈はからい〉を捨てて心安らかに如来の大悲に御身をまかせよ、といった親鸞の、極限にまで押し進められた他力思想であろう。この弥陀の救済意志への手ばなしの信頼こそ、親鸞浄土教の最初であり最後であった。

浄土にて必ず待ちまゐらせ候ふべし

この身は今は歳きはまりて候へば、定めて先立ちて往生し候はんずれば、浄土にて必ず〳〵待ちまゐらせ候ふべし。
（『末灯鈔』第十二通）

有阿弥陀仏に宛てた返書の末尾の言葉である。あの厳しい貌《かお》をした親鸞の口元からこの優しい言葉が出てきたことを思うとき、何か言いようのない感動を覚える。最後に、伝説ではあるが、満九十歳の親鸞がその臨終に先立って遺したという言葉を記しておきたい。

一人居て喜ばは二人と思ふべし、二人居て喜ばは三人《みたり》と思ふべし、その一人《いちにん》は親鸞なり。
（『御臨末の御書』）

第一章　テキストとしての「浄土三部経」

私が専攻しているのは、真宗学という世間ではあまり知られていない分野の学問です。高校時代の同級生などに会って、「なにやっているの」と尋ねられて「真宗学」と言うと、ちょっとけげんな顔をされます。特殊な印象を与える学問の領域ですが、もとはといえば真宗の学びでありますから、真宗を研究する学問が真宗学ということになります。

それで真宗学におきましては、真宗で用いる経典とか論書、そういったものをテキストとして扱うわけです。経典として用いる基本的なテキストは「浄土三部経」といわれるお経です。『大無量寿経』『観無量寿経』そして『阿弥陀経』というこの三つの経典を称して「浄土三部経」と称しているわけです。それはキリスト教における聖書のようなものであると思います。

ただ私には、「浄土三部経」という経典はなかなか近づきにくい経典でございました。そういう意味では、数ある経典の中でも、釈尊の言行録をあつめた『阿含経《あごん》』などの原始仏典、そういうものが非常に人間臭いといいますか、素朴ですけれども釈尊の肉声が伝わってくるような感じがあって、こういう原始仏典の方にむしろ私は心ひかれるものがありました。そういう「小乗」の仏典と比べますと「浄土三部経」という「大乗」の経典は、お釈迦さまが本願とか浄土とか、ある面では、その、神話的な、幻想的なことを語っているような気がしまして、とても現実離れしているような印象を受けました。歴史上の釈迦が現実に、阿弥陀仏とか浄土という存在について語ったとは考えられませんから、後世において大乗仏教非仏説論という、つまり仏説にあらずという、そういう論が出てきたということはご承知のことだと思います。

そのような意味において、大乗仏典そしてこの「浄土三部経」と申しますのは、釈尊の行実を明らかにするよりも、釈尊の自内証というか、悟りの内容を明らかにしていく、そういうことが一つの課題であるということですね。そういう方向性をもっております。だから「浄土三部経」という経典が釈迦に対してとった方向と、キリスト教の聖書がイエスに対してもった方向とはやはり違う。「浄土三部経」は釈迦の具体的な歴史的事実というよりもむしろ、意味に関心を向けているのだと思います。すなわち、釈迦を仏たらしめた根源に阿弥陀という仏を見出す。また、その涅槃の世界を浄土というイメージで表現していく。三部経には本願の主体たる阿弥陀仏と本願の世界である浄土について書かれている。そしてその記述には、インドの文学などに特有な非常に神話的で広大無辺際なものがあります。そういう意味におきまして島国に棲んでいる私からしますと、とても幻想的で現実離れしているように思われたわけです。

そういったことから、私は「浄土三部経」に対してあまり親しむことができませんでした。しかし、時が経つにつれて、「浄土三部経」もまた『阿含経』と同じように人間臭い経典だな、と思うようになってきたわけです。その人間臭いということは、やはりそこに不安に悩む人間の実相が描かれていることです。例えば、『大無量寿経』の下巻にこういう一節があります。

人、世間の愛欲の中にありて、独り生じ、独り死し、独り去り、独り来りて、行に当り苦楽の地に至り趣《おもむ》く。身、これを当《う》くるに、有《たれ》も代わる者なし。

この言葉の一つひとつが、個としての人間の実相をやはり見事に言い当てているように思います。そういう現実の把握から人間の救いとしての浄土というものを説いている。これが「浄土三部経」のモチーフになっている。

私が、「浄土三部経」にだんだんと人間臭いものを覚えていったり、あるいは、身近なものに感じてくるようになったことには、過去二回にわたってインドの仏跡を、学生さんと一緒に回る機会に恵まれたということもありました。そんなことで経典に描かれている世界が非常に身近になってきた。これから《不安と救い――聖典をどう読むか――》というテーマで「テキストとしての浄土三部経」にスポットを当てて、少しお話をさせていただきたいと思います。

皆様方には、「浄土三部経」といいますと、岩波文庫の「浄土三部経」を思い出す方が多いと思います。最近は、ワイド判という大阪の本も出まして、私たちにとっても、たいへん読みやすいものになってきております。それで、その「浄土三部経」を前に置きますと、『大無量寿経』『観無量寿経』『阿弥陀経』と一つに収められているので、それがあたかも同時に成立した一連の経典であるというような印象を受けるかと思います。しかし近代の経典研究によりますと、「浄土三部経」のそれぞれの経典というものは、もともと一群のものとしてあったのではなくして、次第に成立した経典である、といわれます。それで、これらの経典の具体的な内容に入る前にテキストの成立について、ごく簡単におさらいをしておきたいと思います。と申しましても、私は仏教学の専門ではございませんので、ごく概略的なアウトラインだけを一瞥するということにとどまるかと思います。

『大無量寿経』、私たちは『大経』と短い言葉で呼んでおりますけれども、この『大経』それから『阿弥陀経』は、インドで成立したもので、インドの古代語である梵語、すなわちサンスクリット原典があります。ところが『観無量寿経』については、サンスクリット原典がありません。それで、中央アジアあるいは中国で成立したという説が有力です。したがいまして、この岩波文庫に入っております「浄土三部経」には、『大無量寿経』と『阿弥陀経』についてはサンスクリットからの和訳が入っておりますけれども、『観無量寿経』については漢文からの和訳が入っておるわけです。しかも〈大無量寿経〉については「五存七闕《けつ》十二訳」といわれております。つまり五つのテキストが残っていて、そして七つのテキストは失われてしまったということで、漢訳が十二回行われたといわれております。これは、藤田宏達先生、ご存じのように、藤田先生は浄土教研究の世界的権威で、『原始浄土思想の研究』で日本学士院賞を受賞された方ですが、そのご著書の中で、鎌倉時代に凝《ぎょう》然《ねん》という学僧が『浄土法門源《げん》流《る》章』の中で「五存七闕」と言ったと指摘されております。それで〈無量寿経〉が合計十二回翻訳されて、そのうちの七つのものが失われて五つの翻訳だけが残っている。ですから一つの経典が十二回も翻訳されるということはちょっと、やはり類例のないことであろうと思います。ということはそれだけ〈無量寿経〉が深い関心を呼んでいた重要な経典であったということがそのことからも窺われることと思います。ただ、藤田先生のご研究では七闕《けつ》の部分につきましては、これは、はじめから訳されていなかったのではないか、つまり実際に存在していなかったのではないか、といわれております。経録には経題が上がっておりますけれども、実際には五存の訳と重複していたり、またどうみても存在していないというふうに思われるものもあります。

一般に、〈無量寿経〉といえば、四十八願を説いた経典と受け取られています。しかし、五存のすべての〈無量寿経〉が四十八願を説いた経典ではありません。それでその〈無量寿経〉もその成立に応じて、年代によりまして初期の〈無量寿経〉と後期の〈無量寿経〉というものがある、ということが言われております。資料の図1（五四頁）をご参照ください。初期の〈無量寿経〉というのは二十四願系統で、『大阿弥陀経』それから『平等覚経』があります。それから後期の〈無量寿経〉は四十八願系統で、この中に私たちが「浄土三部経」の一つとして用いている『大無量寿経』があります。その他、四十八願系統では、『無量寿如来会』という経典があります。またサンスクリット本あるいはチベット訳の〈無量寿経〉があります。さらにこれと違った系統のもので、三十六願系統の『荘厳経』といった経典があります。『阿弥陀経』につきましては、これは鳩摩羅什《くまらじゅう》の訳を私たちは用いておりますけれども、その他にも一本あります。そしてさらに、日本で発見されたサンスクリット本が出ております。それから『観無量寿経』につきましては、これは畺良《きょうりょう》耶舎《やしゃ》という訳者の訳を用いておるわけです。この『観無量寿経』は、近代の研究では、インドの浄土思想の展開ではあってもインドでない地域で成立したものではないかといわれております。以上のように、私たちが「浄土三部経」と言っているものは同時に成立した一群のテキストではなくて、次第に生成したテキストであって、そこに相互の関連がある、ということがわかるわけです。

一般に古典といいますと古いものが価値があるとされておりますけれども、経典の場合はそうではありません。完成された経典がやはり価値があるわけでして、したがって今日私たちが読んでおりますお経が、二千五百年前に釈迦が霊鷲山《りょうじゅせん》で話されたことそのままでないことは言うまでもありません。そういう意味において、一般的な宗教的テキストに対する見方と異なっているわけです。たしかに近代におきましては、古いテキストであれば、仏教の原型を伝えているといって『阿含経』などの原始仏典を尊重する立場もありますけれども、しかし経典はそれ自身が成長してきたものです。浄土教の歴史の中では、「浄土三部経」がもっとも完成されたテキストと考えられてきたわけです。

私は古代インドの人々が浄土の教えに帰依したと、そういうことを想像するわけです。つい二十年前でありますが、一九七六年にインドの中央部に、マトゥラーというところがありますけれども、その郊外で阿弥陀仏の台座が発見されました。これまで浄土教の信仰が中央アジアで大きな影響をもっていたということは知られておりましたけれども、インドの内部では密教のものを除いては阿弥陀仏の像が発見されておりませんでした。ところが、マトゥラーで発見された台座は仏像そのものは壊れておりますけれども、台座に記されたブラフミー文字の銘文から紀元一五六年に造立された阿弥陀像であるということが知られるのです。

昨年（一九九四）、私がインド各地を学生さんと訪れたときに、このマトゥラーの州立博物館を訪ねてこの台座を拝観したのです。この州立博物館は、グプタ様式の仏像の銘品をそろえておりますが、私にとって昨年の仏跡研修旅行の最大の成果は、この阿弥陀仏の台座を拝見したことです。私たちは、この台座を前に「嘆仏偈《たんぶつげ》」という『大無量寿経』の偈文を唱和してきたことです。まさに見ることは、信ずることです。私は非常に古くから浄土への信仰心が、インドの人々の心の中に定着していたことを思いました。

浄土という言葉は、もともと「スカーヴァティー」(sukhāvatī) というサンスクリットの原語に由来しているといいます。これは「楽のあるところ」「楽しみのあるところ」という意味のようです。「浄土三部経」は、その名の示す通り浄土について説いた経典です。ところが、この「浄土三部経」の中には実は「浄土」という言葉はほとんどみえないわけです。『大無量寿経』では、「浄土」という語が一回出てくるほか、この浄土という言葉に相当する語は、安養《あんにょう》国とか安楽、安楽国、安楽国土という言葉で記されておりますし、また『阿弥陀経』には極楽という名で記されております。それから『観無量寿経』には、極楽国、極楽国土、極楽世界という訳語が与えられております。いずれも「スカーヴァティー」の直接の訳語ですね。この極楽というのは極苦に対応しますし、安楽というのはやはり不安というのに対応するのではないかと思います。これらの訳語は人生に苦悩し、人生に不安を感じている人に対して、極楽であり安楽世界である浄土にきて安らえ、という呼びかけです。その呼びかけがインドの人々の心に訴えてたくさんの浄土教への帰依者を生んだわけです。この浄土への信仰という広い文脈、コンテキストの中で「浄土三部経」というテキストが生まれて、そしてそれが人々に読誦され朗唱されてきたわけです。私はここにテキストとコンテキストというものの相互的な関連性を思います。阿弥陀仏の浄土への帰依というコンテキストから生まれたテキストがさらに広いコンテキストの中で、受け入れられていったということです。

「浄土三部経」という経典はそれぞれに読誦され、朗唱され、実践されてきたわけですけれども、この経典を私たちはどう読んだらいいのかという問題があります。もちろん現代の読者は、経典をどのように読むこともできます。文学的な古典としても読めるし、研究の対象としても読める。しかし、宗教的なテキスト、つまり聖典として読もうとするときに、私たちは、ややもするとはじめから教学的なアプローチをとろうとしがちです。そういう教学主義的なアプローチに対して、ルイス・O・ゴメスという仏教学者の発言が想い起こされます。博士は、三年前に大谷大学で国際真宗学会という国際学会が開かれたときに、《テキストとヴィジョンとその具現化――浄土をイメージする――》という講演を行いました。難解な内容でしたが、振り返ってみると示唆の多い講演でした。その中で、ゴメス博士は二つのことを注意されていたように思います。第一に、「教学的なフィルターを通すに先立って、テキストそのものを読むべきである」。それから、第二に、「真実のイメージ世界を表現する物語として読むべきである」、と。そのように私たちに警告していた。そのときのことが思い浮かびます。このゴメスという方はアメリカのミシガン大学の仏教学のサンスクリット、つまりインドの古典語の教授で、最近真宗大谷派の依頼で『無量寿経』と『阿弥陀経』を英訳されたのです。〔本書は、一九九六年にハワイ大学から出版された。（Luis o. Gómez, *LAND OF BLISS-Sanskrit and Chinese versions of the Sukhāvatīvyūha*-, 1996, University of Hawaii Press)〕ゴメス博士によれば、『無量寿経』は実践の手引きとしてのマニュアルのようなものでなくて、むしろイメージ世界を表現する物語の書であって、本来そのようなものとしてつくられた作品なのだ、と。そういうことを言っておられたわけです。講演では『無量寿経』を中心にして述べておられましたが、それは『観無量寿経』と『阿弥陀経』についても同じことでしょう。そういう目で「浄土三部経」を読んでみますと、こういう姿勢、つまり教学的なフィルターを通すに先立って、物語そのものとして読むという、そういう姿勢がやはり大切だな、ということを思うのです。

宗教的なテキストというものは、どのようなものでも私たちの人生とか世界とかについて、なにごとかを私たちに伝えてくれます。「浄土三部経」も私たちの生きている現実がどのようなものであるか、あるいは私たちが、生きる方向がどのようなものであるべきか、ということについて様々なメッセージをもったテキストです。経典は、釈尊が会座《えざ》に集まった多くの聴衆に向かって法を説くといった形式をもっておりますけれども、しかし注意されるのは、釈尊が聴衆に対して語りかけるときに、まずその中から、いわば聴衆の代表者を選んで、そしてその人の問題に応じて語るということです。その人の機根に応じて仏法を語る。いわゆる対機説法といわれるものです。

「浄土三部経」についても、同じことが言えると思います。資料の図2（五五頁）をご参照いただきたいと思います。『大無量寿経』は釈尊が常随昵近《じっきん》の侍者である阿難に対して語っております。『観無量寿経』は釈尊が王妃の韋提希《いだいけ》に向かって語っています。それから『阿弥陀経』は仏弟子の舎利弗《しゃりほっ》に向って語っております。これらの登場人物は、やはりそれぞれの問題をかかえた人として、釈尊の教えを聴聞するわけです。私たちはそれぞれの経典の読み手ですけれども、釈尊の会座に参加したものとして、その代表者である阿難や韋提希や舎利弗に自らの身を同化して説法を聞くわけです。「浄土三部経」は浄土という名称が示しますように、私たちの苦悩や不安に満ちた人生に対して、釈尊が阿難や韋提希や舎利弗というお弟子さんたちに語りかけることを通して、安楽国である浄土に生まれよというヴィジョンを与えることを大きなモチーフとしております。いわば苦悩と不安の中に流転していく私たちの人生に対して、安らぎの世界、安らぎの世界である浄土という大きな指標を与える。そこに向かって人生を方向づけよと説くわけです。したがいまして、この「浄土三部経」は、私たちの人生はどういうふうに流れていくかということを教えますけれども、同時にどこへ向かっていくべきかということを明確に教えております。そこにこの流転的な存在としての人間に対して意味と方向が与えられるわけです。

この苦悩と不安のなかに流転していく人間、その姿をドラマチックに描いているのはやはり『観無量寿経』であると思います。この経典の主人公は、王舎城の王妃である韋提希《いだいけ》という名の女性です。韋提希には阿闍世《あじゃせ》という息子がおりますけれども、呪われた子として父に恨みをいだいて殺害し、また母である韋提希をも王舎城の一室に閉じ込めて幽閉します。韋提希は悲しみのなかに泣き崩れて、そして釈尊の来臨を、「どうか私に苦しみのない世界をお示しください」。こういうふうに釈尊に懇願するわけです。そうすると、幽閉されている韋提希の前に現われた釈尊は、いろいろな苦しみのない国々を見せるわけですね。そして「この中から選びなさい」という。それに対して韋提希は様々な国の中から、「私は阿弥陀仏の極楽世界に生まれたいと願います」、そういうふうに告白いたします。その韋提希の選びによって私たちに極楽世界が開示されてくるわけです。極楽世界が開示されるということは、いわば不安と苦悩をこえる世界が開示されるということです。今は『観無量寿経』についてお話しいたしましたけれども、『大無量寿経』や『阿弥陀経』もまた、安楽国土あるいは極楽世界としての浄土を私たちのこの場所に開いてくることを願いとして説かれた経典です。内容そのものは、シンプルですけれども、その点を基本的なこととして、確認しておきたいと思います。

　さて、仏教の歴史のなかで『大無量寿経』、『観無量寿経』、『阿弥陀経』というこの三つの経典は、民族をこえて人々の心をうるおしてきた経典です。それゆえに浄土門にかぎらず様々な宗派の学僧たちによってテキストとして研究され、また解釈されてきたわけです。とくにこれらの経典が中国に入りますと、中国は「文字の国」といわれますように、このテキストの研究、とくに訓詁注釈が盛んになります。とりわけ経典研究にありましては科文《かもん》といいまして、文節を切ってこの科文（経典の見取図）を作るということが重視されてまいります。それで科文を立てるということが文章の内容、経典の内容を大づかみにして経典の意図を註解していくということにつながってきて、それが学問の主要な関心事になってまいります。そういう意味におきまして、科文の学というものは、中国に発達した一つの、経典解釈学、テキストの解釈学というもので、そして中国の経典研究においてはこの科文を切るということが盛んに行われたことです。それが中国における経典研究の表看板になった観があったかと思います。ところがそういう訓詁学的関心というものはややもしますと、それ自体が自己目的化する危険性をはらみます。

　そういう経典研究に対して『大無量寿経』、『観無量寿経』、『阿弥陀経』という経典を、実存的な関心に立って、純粋に宗教的なテキストとして選んで、それらの経典を読誦することが正しい行の一つだ、と言われたのは善導（六一三～六八一）です。唐の長安で念仏の普及につとめた善導大師です。善導は、浄土門の行を、正行つまり正しい行と雑行《ぞうぎょう》つまりそれ以外の行に分けて、その正行に、五つあるといいました。その五つとは、読誦正行、観察正行、礼拝正行、称名正行、讃歎供養正行です。これを五正行と申します。その五正行の最初に掲げられているのが、読誦正行で、善導は「一心に専《もっぱ》らこの観経・弥陀経・無量寿経等を読誦する」(『観経散善義』)のだと説いております。ここに、浄土門の正行として三部経を読誦するべきことが説かれているのです。

そして時代と場所をへだてて、この善導を正しい師、正師として仰ぎ、この三経をベースにして浄土宗という宗旨を立てたのは、法然上人(源空、一一三三〜一二一二)です。浄土教はインド、中国、朝鮮、日本と伝わってきたのですけれども、独立する一宗を形成するには至らなかったわけです。法然はこの浄土門の教えを浄土宗という名で独立させたのです。それで私たちに親しい「浄土三部経」という正式な名称も実は法然が呼んだのがはじまりです。法然は浄土宗の独立にあたりまして、浄土宗の根本聖典は何であるかとして主著である『選択集』に、こういうことを述べております。

正しく往生浄土の教を明かすというは、三経一論これなり。三経というは、一には『無量寿経』、二には『観無量寿経』、三には『阿弥陀経』なり。一論というは、天親の『往生論』これなり。あるいはこの三経を指して、浄土三部経と号すなり。(『選択集』教相章)

こういうように言っております。「三部経」という名称そのものは古来用いられたわけで、天台宗では『無量義経』と『法華経』とそれから『観普賢経』を正依の経典とし、これを法華の三部と、こういうふうに呼んでいます。法然は天台宗から転身して浄土門に移って、浄土宗を立てた人です。それは、法然の所依の経典が、「法華三部経」から「浄土三部経」へと移行したことを意味すると言ってよいと思います。

こういうように、「浄土三部経」が選ばれてきた過程には、歴史的な事実が背景にありますけれども、親鸞もまたやはり日本の天台宗の本山である比叡山の延暦寺で二十年間学びました。そして法然のもとに入ったわけです。そういう意味におきましては、親鸞もまた「法華三部経」から「浄土三部経」へと転身したというふうにみてよろしいのではないかと思います。ただ注意しておきたい一点は、親鸞は、「浄土三部経」の中でも、とりわけ『大無量寿経』に説かれる本願に帰依したということです。そのことを彼は、

しかるに愚禿釈の鸞、建仁辛《かのと》の酉《とり》の暦、雑行を棄てて本願に帰す。

（『教行信証』後序）

と、『教行信証』の中で告白しております。「本願に帰す」とここにありますけれども、この本願は阿弥陀仏が十方の衆生に対して、「十方の衆生が浄土に生まれなければ私自身も成仏しない」という、そういう誓願ですね。法蔵菩薩、阿弥陀仏の前身の法蔵菩薩なんですが、法蔵菩薩がそういう誓いを起こした。その誓願、その本願に帰したということをもって、親鸞は自らの生涯におけるもっとも根源的な出来事とするわけです。そしてこの本願において、自らの苦悩する心が安らぐ場を獲得したわけです。

したがいまして親鸞における「浄土三部経」の解釈は、本願が中心になってまいります。親鸞の教学におきましては、本願がいわば解釈学的な基準になるわけです。「浄土三部経」は先ほども申しましたように、それぞれの固有なモチーフがありますけれども、本願を正面から説いている経典は『大無量寿経』です。したがってこの『大無量寿経』を親鸞は真実の教、真の教えというふうに呼びまして、そこに浄土真宗を見出すわけです。そのことを『教行信証』の中で、

それ、真実の教を顕《あらわ》さば、すなわち『大無量寿経』これなり。

（『教行信証』教巻）

こういうふうに言っております。この『大無量寿経』を真実の教と選んだということは、そのこと

は同時に、『観無量寿経』と『阿弥陀経』を方便の教と、つまり真実に導く手立てですね、そういう経として位置づけるということになります。したがいまして、「浄土三部経」と申しますけれども、三部経そのものが並列に扱われるわけではなくして、立体的に扱われている。それが親鸞教学の一つの特質であるわけです。それで親鸞の経典解釈というのはどこまでも本願が中心になっております。先ほど申しましたように、〈無量寿経〉は全部で五つの訳があるわけです。それで親鸞が依りましたのが康僧鎧《こうそうがい》訳と伝えられる『大無量寿経』、これに帰依するわけです。すなわちこの『大無量寿経』を正依の経、まさしく自分が依る経である、こういうふうに『大無量寿経』をみるわけです。しかし彼は本願というものの指示内容、いわゆるリファレントですね、これを明確にするために他の異訳といわれるもの、異訳の〈無量寿経〉を用いるわけです。それは、私たちが外国の小説を読んでわかりにくいところがあるような場合に、別の翻訳をいろいろ参照して、わからない不明な箇所をさらに明確にしようとする、そういう態度に非常に似ていると思うんです。それで、『教行信証』の中では、最初にご紹介しましたけれども、二十四願経の『大阿弥陀経』、これが四回ですね、それから同じ系統の『平等覚経』が六回、そして四十八願経の『如来会《え》』が二十五回引用されております。『如来会』がいちばんたくさん引用回数が多いわけです。そしてそれらの異訳を参照することによって、『大無量寿経』の意図をさらに明瞭にしようとするわけです。

それで浄土教といいますと、ややもすると現在の命の不安から逃避して、臨終来迎に象徴されるような死後の救済を求めるところに陥っていったのですけれども、親鸞はむしろ浄土の真実の功徳を現在の信心のうえにいただいて、不安な人生を生きぬく知恵を得ようとしております。こういうような親鸞の現在中心の浄土教の理解というものは、これらの異訳の経典を参照することなしにはありえなかったわけです。親鸞の開顕した独自の思想に有名な現生《げんしょう》正定《しょうじょう》聚《じゅ》という思想があります。現生正定聚、現在の生のただ中に涅槃の位にさだまるともがらになる。これを現生正定聚と呼ぶわけですけれども、信心において現生に正定聚の仲間に入る、あるいは不退の位に入るということです。これは大乗仏教の本筋をいく救済観といわれておりますけれども、これはとくに異訳の経典である『如来会』を参照するところから成立してくる思想です。

　これは一つの端的な例ですけれども、そこに親鸞のテキストの読み方の一例をみることができます。繰り返して申すことになりますが、『大無量寿経』は阿弥陀仏の本願を説いた経典です。『大無量寿経』の中で釈尊は、この弥陀の本願を説くためにこの世に出現したと自ら語るわけですけれども、しかし見方を変えれば釈尊は本願のなかから出現したと、そういうふうに親鸞は見た、そういう釈尊観をもった人のように思います。たとえば和讃でございます。

　　久遠実成阿弥陀仏
　　五濁の凡愚をあわれみて
　　釈迦牟尼仏としめしてぞ
　　迦耶《がや》城《じょう》には応現する
（「浄土和讃」弥陀和讃）

と、「浄土和讃」にそういうふうに謳っております。釈尊は阿弥陀仏の応化身《おうげしん》としてこの世に現われた、と。応化身という思想そのものはこれは大乗仏教一般にみられますけれども、この和讃にみられますように、〈阿弥陀仏から衆生へ〉と、そういう方向性がある。これは親鸞の発想の根底にあるものです。この〈阿弥陀仏から衆生へ〉という方向性はテキストの読み方の中にも一貫してみられるところです。ご承知の通り、親鸞はときとしてテキストの読み方において私たち現代人の常識からは考えられないような、ある意味ではテキストの変形と言いうるような大胆な読み方をする場合があります。それはこの〈阿弥陀仏から衆生へ〉という根本的な直覚、そこから出てくる読み方です。こういう読み方のもっとも典型的な例を示すものとして、しばしば注目されるのは、『大無量寿経』の本願、第十八願成就文《もん》の読み方です。これは、法蔵菩薩が四十八願の第十八願に、念仏成仏を誓ったのに対応して、その誓いが成就したことを語るもので、『大無量寿経』下巻の冒頭のところに出てきます。

諸《しょう》有衆生　聞其《もんご》名号　信心歓喜　乃至一念　至心回向　願生彼国　即得往生　住不退転

これは、原文ではそうなっています。ところが、その中にあるこの「至心回向」、この意味をちょっと申しておきますと、「あらゆる衆生は、阿弥陀仏の名号を聞いて、大きな信仰の喜びをもって、一念の信の中に至心をもって回向し浄土に生まれようと願えば、すなわち往生を得て、再び迷いの世界に退転することはない」、そういうことを述べている文です。この文の中で「至心回向」という四文字があります。「回向」というのは「功徳を振り向ける」ということですから、衆生が至心をもって功徳を振り向ける、そういうふうに読むのが一般的な読み方です。だから岩波文庫の『大無量寿経』は、この箇所を「至心に回向して」とオーソドックスに訓《よ》んでおります。ところが親鸞は、この「至心回向」の四文字を、「至心に回向せしめたまえり」とかあるいは「至心回向したまえり」、というふうに訓み下しております。至心回向の主体というものは、原文の方では、明らかに衆生の方が主体である。主語といいますか、主体は衆生である。その衆生が至心回向する、と。そう訓《よ》むのが普通だと思いますけれども、親鸞は阿弥陀仏が私たちに対して至心回向する、と。そういうふうに訓むわけです。幸いに漢文という文章形式は、かなり自由な読み方を許す言語構造をもっております。そういうことから古来日本では訓点の位置を変えたり、あるいは送り仮名をつけることによって、原文を壊さずに自由に漢文を読みこなしてきた伝統があります。たとえば、今、ちょっと思い浮かんだ言葉を例としてあげますと、孔子が「四十にして惑わず」（「四十而不惑」『論語』二、為政）とこういうふうに言ったんですよね、読みようによっては「四十にして惑わざらめや」と、そう読めないこともないとも思うんですね。日本文においては。ちょっと適切な例かどうかは存じませんけれども……。

いまの親鸞の「至心回向」の四文字の読み方も、そういう日本の漢文の読解の伝統と無縁ではありません。しかし文法的に言えばこれはかなり強引な読み方です。ある意味ではテキストの変容ということもできるわけです。もちろんこのような親鸞の読み方に賛同し、誉め称える人は少なくないわけですけれども、一方ではこれはめちゃくちゃな読み方だと批判する人もおります。たとえば思想史学者として著名な津田左右吉（一八七三〜一九六一）が『シナ佛教の研究』の中で親鸞の読み方は恣意的だと言って非難しております。津田左右吉は近代の非常に厳密な文献学の立場に立っている人ですから、親鸞を許せなかったわけです。

しかし文法的には誤った読み方でも、思想的には正しい読み方であるという場合もあります。親鸞の読み方の基本に帰れば、〈阿弥陀仏から衆生へ〉というそういう方向性、そこに本願の働きの方向性を根本的に直覚したから、こういう読み方が当然のこととなってきたわけです。親鸞はその本願の心に立って、いわば「書かれざる『大無量寿経』」を読んだ、こういうふうに申してもいいのではないかと思います。

こういうような親鸞の読み方というものは、文献学的な立場からは不当なやり方かも知れません。しかしこのやり方はある意味では仏教的であると思います。すなわち言葉に固執しないということです。ご承知のように、仏教は、大乗仏教になりますと、言葉に固執する人を声聞《しょうもん》と批判します。声聞は釈尊の言葉、すなわち声を真剣に聞いているわけですけれども、言葉とか声に固執してその奥にある意味を聞いていない。そういう声聞の徒に対して大乗仏教はそれは小乗の徒であると批判するわけです。大乗仏教の最大の思想家はナーガールジュナ（二〜三世紀）すなわち龍樹ですけれども、その龍樹は『大智度論』の中で有名な「指月《しげつ》の喩え」によって、言葉に固執することを誡《いまし》めております。それは次のようなものです。

涅槃に入りなんとせし時、もろもろの比丘《びく》に語りたまわく、「今日より法に依りて人に依らざるべし、義に依りて語に依らざるべし……」と。義は語にあらざるなり。人、指をもって月を指《おし》う、もって我を示教す、指を看視して月を視《み》ざるがごとし。人、語りて言わん、「我指をもって月を指う、汝をしてこれを知らしむ、汝何ぞ指を看て月を視ざるや」と。これまたかくのごとし。語は義の指とす、語は義にあらざるなり。これをもってゆえに、語に依るべからず。

これによりますと、釈迦は涅槃に入ろうとするとき仏弟子たちに対して、自分が数々の説法を通して語ったことは、いわば言葉によって義を明らかにすることであった、というようにいいます。そしてそこに喩えが出てくるわけです。ある人が、月を指差した。で、月を見なさいとこう言ったけれども、皆、月の方を見ないで指の先ばかり見ておった、と。資料の図3（五七頁）で略示しましたが、そういう喩えです。ナーガールジュナは、釈尊の言葉にとらわれて、釈尊の説いた教えの意義を聞き届けようとしない人々、たとえばいま挙げた声聞といわれる人々を、この「指月《しげつ》の喩え」によって批判しているのではないかと私は思います。

大乗仏教におきましては、このように言葉というものは絶対視されてはおりません。言葉というものは人間を真理に向かわしめる方便、巧みな手立てです。言葉を通して私たちは真理へと導かれるわけです。しかし、言葉そのものを真理ということはできないわけです。仏教には独自な言語観があると思います。それについて私はあまり知識がないので、ちゃんとしたことが申し上げられないのですけれども、たとえばこの「指月の喩え」に象徴されるような言語観というものは、私たちが宗教の問題について考える場合に大切なことをやはり暗示しているのではないでしょうか。仏教においては、言葉はそれ自体が絶対的な意味をもつのではなくて、真理へと導く手立て、方便とみなされていると思います。したがいまして仏教においては経典は本来そういうものとして読まれるべきであると思います。たとえば『観無量寿経』の中で釈尊はお城の一室中に幽閉されて身悶えている韋提希《いだいけ》夫人に対して、

我いま汝がために、広くもろもろの譬を説かん　（『観無量寿経』発起序「散善顕行縁」）

と、このように語っております。そして最初に西方の地平線に沈む太陽、日輪を指さしてそれを見なさいと。それに続いて浄土の美しい光景を次々に説いていくわけです。ということは、浄土というものはいわば言葉によって描かれた世界である。先ほど申しましたように、ゴメス博士によれば、浄土

は一つのイメージ世界です。『観無量寿経』では、浄土は極楽国とか極楽世界という名で呼ばれます。それは苦悩をこえた安心の世界ですね。仏教の言葉で安心《あんじん》といいますけれども、この安心を象徴しておりま す。そのような象徴的な意味をもった浄土が苦悩する韋提希に対して限りない安らぎを与えるわけです。そしてこの韋提希への教えが『観無量寿経』を読むすべての者へのメッセージとなってくるわけです。「浄土三部経」における釈尊は、先ほどの「指月《しげつ》の喩え」と同じように、あえて言葉をもって不可称・不可説・不可思議の真理の世界を浄土として指し示しております。その浄土として指し示された不可称・不可説・不可思議の真実の世界が多くの仏教徒に対して安慰を与え、人生の指標として人々の心を導いてきたわけです。

人間は、本来イメージの世界というものを必要としているものと思います。イメージでありますから、それはファンタジーとかあるいはフィクションかというと、そうではないと思うんですね。「浄土三部経」は不可称・不可説・不可思議の真理の世界を浄土というイメージ世界によって明らかにしたのだと言えます。これを『観経』は、発起序（散善顕行縁）のなかで「広くもろもろの喩えを説く」、広説衆譬《こうせつしゅうひ》というんです。しかし言葉として表現された浄土は、これが固執されますと、実体的なものになる。非仏教的な実体思想に陥ってしまいます。「浄土三部経」はパラダイス神話を説く経典ではありません。それが実体化されれば、浄土は一種の他界的な世界と変りないものになります。浄土教にかぎらず実体思想を否定したはずの仏教が実体論に転落してしまう場合はしばしばありました。中国でもあったし、日本でもあった。そういうことから、言葉の実体化を徹底的に排除しようとする禅の不立文字《ふりゅうもんじ》とか、あるいは直指人心見性成仏《じきしにんしんけんしょうじょうぶつ》という立場ですね、こういう反言語主義的立場あるいは非言語主義的立場が出てくるのは、ある意味では当然のことかと思います。考えてみますと、「浄土三部経」は全体が譬喩経としての性格が濃いように思います。大乗仏教の経典はしばしば象徴文学といわれますけれども、「浄土三部経」はその象徴性という側面がひときわ強いと言えます。したがってこれを実体化することは、かえってこの経典の意図を損なうことになります。「浄土三部経」に説かれたことを実体的に受け止めて、そしてこの経典だけを唯一絶対の真理であるとみなす原理主義的なかたくなな読み方は、「浄土三部経」の意図から外れると思います。たとえば、浄土門の仏教者が『法華経』はこれは日蓮宗の経典だから絶対読まないという人があるとすれば、そういう偏狭な経典の読み方は非仏教的であると思います。『法華経』は、何も日蓮宗だけの経典ではありません。もちろん正依の経典が「浄土三部経」であるというのは、浄土門の仏教者として当然ですけど、だからといって他の宗教的なテキストに目をふさぐということは、仏道精神に反することかと思います。

最近宗教現象の問題としてしばしば話題になるのが、原理主義、ファンダメンタリズムのことです。原理主義の正式な定義は知りませんけれども、私流に解釈すれば、自らが帰依する宗教の聖典の記述を、すべて正しいものとして、そこに書かれたどんな不合理なことでも認めて、同時に自らの立場を唯一絶対化して、他の立場を拒絶し邪悪視する主張であると言えると思います。この原理主義が今や世界の宗教の中で大きな力をしめ、また大衆を揺り動かし、しばしば社会的な問題を引き起こしております。そのことは、イスラエルのラビン首相が暗殺された、そういう衝撃的な事件からも窺われます。これを行った青年はユダヤ教の原理主義者であるといわれております。この原理主義は中世世界の絶対主義的な信仰を思わせます。このような中世的な信仰への回帰現象は近代の合理主義的な思考が行き詰まって、ポスト・モダンがいわれている現代の徒花《あだばな》ではないかと思うのです。

事柄は遠いところばかりにあるのではありません。私の身近なところでも、実際に友人の中で奥さんが原理主義的なキリスト教の団体に入信して、そして多額なお金を寄付として払い、さらに子供から教育の機会を奪っている。そういう現実が起こって、たいへん困ったといって相談を受けるわけです。それに対して私は、神学者の高尾利数先生のご著書を何冊か紹介して、読んでくださいとお勧めしました。そういうことは、現実的には、何もキリスト教に限らない、仏教にも起こるわけです。仏教は、ものごとにとらわれ、執着することから離れなさいということを説いている。それでその執着に二執といいまして、我執と法執とあります。我に執着し法に執着するということを戒めるわけですけれども、仏教者を名告りながら、そういう我執や法執から離れられない仏教者、あるいは仏教教団を名告りながら、その執のとらわれから離れられない仏教教団があまりにも多いように見受けられます。

経典にしましてもまた聖書にしましても、宗教的テキストは、本来人間を解放するものだと思うんです。しかし原理主義に陥ると逆にテキストに縛られてテキストの奴隷になってしまいます。テキストが絶対化されると、そのもとに自己が絶対化される、そうすると相手が認められなくなってしまいます。だから原理主義の立場にある人とは対話が成り立たなくなってしまうわけです。世間で話題になるのは、イスラム教原理主義ですが、事柄は内側にもあります。日蓮宗原理主義、真宗原理主義もあります。それが大衆宗教として、人間の自由な思考を停止させます。ところが、その原理主義的な宗教的信仰の流れが今、社会の中で大きな力を占めつつあります。恐ろしいことです。こういうような原理主義の自己絶対的・教条主義的信仰というものは、現在それに直面しているキリスト教や仏教において、ともに越えていかなければならない共通の課題であると思います。そのような意味におきまして、私は、キリスト教の側からこれまで絶対無謬視されてきた聖書について、ひとりの神学者として、これを相対化する作業に一貫して従事し、そのことを通してイエスの真実を明らかにしようとしてこられた高尾先生のお仕事に深く教えられるものがあります。

お話を締め括る前に、もうちょっとだけお話しさせていただきますが、メインテーマの《不安と救い》という問題がどうも表面的にしか触れられなかったように思うんです。ただ私が日頃身近に接している仏典を一瞥しただけでも、人間の不安や苦悩は古代人も現代人も変らないんだという想いを禁じることができません。

三界は安きことなし、なお火宅のごとし。　（『法華経』譬喩品《ぼん》）

『法華経』に出る三界火宅の語です。仏教の世界観では、この世を欲界・色界・無色界と三層に分けて、いずれも迷いと苦しみの世界であると説かれます。三界火宅という『法華経』のこの言葉は、迷いと苦しみのこの世界を燃えさかる家に喩えております。この言葉に示唆を受けたのでしょうか、親鸞も「煩悩具足の凡夫・火宅無常の世界はみなもって、そらごとたわごとまことあることなし」（『歎異抄』後序）と述懐しておりますね。しかし、現代の社会もやはり変りはありません。毎日の新聞記事を見ておりますと、政治の問題、経済の問題、生活の問題、教育の問題、どの欄を読んでも不安な事柄ばかりです。とくに今年は阪神大震災や地下鉄サリン事件などが私たちの不安感をいっぺんに高めました。「三界は安きことなし、なお火宅のごとし」という古代人の嘆きは、まさに私たち自身の不安感に通じるものがあります。それはたんに外側だけの不安感ではなくして、私自身の不安でもあります。『大無量寿経』下巻の三毒五悪段といわれるパートには、そういう人間の不安についていろんな表現があるわけですけれども、たとえば、

然るに世人、薄俗にして共に不急の事を諍《あらそ》う。……念《おもい》を累《かさ》ね慮《おもんぱか》りを積みて、心のために走《は》せ使いて、安き時あることなし。田あれば田を憂う。宅あれば宅を憂う。（『大無量寿経』）

こういうふうに説かれております。世間の人々の人情は薄く本当に急がなければならないことを急がずに、どうでもよいことに争っている。様々なことに思いわずらってそのために走せつかわれて、心の安らかな時は一瞬もない。財産があればそれで不安の種がまたひとつ増える、と……。こういう一節などは時代を超えた人間の不安を表現しているものと思います。そういうような不安の現実を生きる人間に対して、『大無量寿経』は、阿弥陀仏の前身である法蔵菩薩が、

吾誓う、仏を得んに、普《あまね》くこの願を行ぜん。一切の恐懼《くく》に、ために大安を作《な》さん。（同「嘆仏偈」）

そういうふうに謳《うた》い、大安すなわち大いなる安らぎの場所をつくろうと誓ったと説かれております。この大いなる安らぎの場所は経典の中で安楽国とか極楽世界という名をもつ、浄土として具体的に成就いたします。浄土は、不可称・不可説・不可思議の究極の悟りの世界、悟りの世界である涅槃というものを一つのイメージ世界として象徴したものであると受け止められます。私にとって「浄土三部経」は、浄土というイメージ世界を通して、人生を生きていく道理を教えてくれる宗教的テキストで

す。そしてそれを読むことが不安を越える道へとつながってまいります。

しかし不安を越えるということは不安を解決することであって、不安を解消することではありません。救いとは、不安の解消ではなく、不安の解決であると思います。私が生きているかぎり不安は消えません。宗教的テキストは、人生の現実がいかに不安なものかということを教えてくれるものです。不安を消すために宗教的テキストを用いることは、人生の現実に目を覆うためにテキストを用いることです。原理主義的立場にある人々の問題は、特定の宗教的テキストの言葉を鵜呑みにして、そこに何ら批判的な眼をもたないことです。それは健全な人間的精神の放棄にもつながります。そのかぎりにおいて、「宗教は民衆のアヘンである」というマルクスの指摘は正しいと思います。宗教的テキストに向き合うということは、人生の現実について教えられ、さらに人生というドラマの完成のために大きな導きを与えられることだと思います。

私の話はこれで一応終わらせていただきます。

（於、大谷大学、宗教シンポジウム《不安と救い――聖典をどう読むか――》、一九九五年十一月十一日）

配布資料

はじめに

1、経典の近づきにくさ

・浄土三部経（『大無量寿経』『観無量寿経』『阿弥陀経』）の課題

釈尊の自内証の開顕　[cf.「聖書」（キリスト教正典《カノン》）との相違]

2、教説の対象すなわち人間

「人、世間の愛欲の中にありて、独り生じ、独り死し、独り去り、独り来たりて、行に当たり苦楽の地に至り趣《おもむ》く。身、自らこれを当《う》くるに、有《たれ》も代わる者なし。」（『大無量寿経』下巻）

A・テキストとしての浄土三部経

1、テキストの生成 **（図1）**

＊『大無量寿経』（康僧鎧訳）

【初期無量寿経】

二十四願系統……「大阿弥陀経」（24願）、「平等覚経」（24願）

【後期無量寿経】

サンスクリット本（足利本によると47願）

四十八願系統……「無量寿経」（48願）＝**『大無量寿経』**

「無量寿如来会」（48願）、チベット訳（49願）

三十六願系統……「荘厳経」（36願）

＊『阿弥陀経』（鳩摩羅什訳）

＊『観無量寿経』（畺良耶舎訳）

2、テキストとコンテキスト

・〝スカーヴァティー〟（楽のあるところ）としての浄土への帰依

浄土
- 『大無量寿経』……浄土、安養国、安楽、安楽国、安楽国土
- 『阿弥陀経』………極楽
- 『観無量寿経』……極楽国、極楽国土、極楽世界

3、いかにテキストを読むか—L・O・ゴメス博士の警告
・教学的フィルターを通すに先だってテキストそのものを読むべきである
・真実のイメージ世界を表現する物語として読むべきである
（《テキストとヴィジョンとその具現化》1993,8　於　国際真宗学会）

4、極楽世界の開示
（図2） 浄土三部経

	『大無量寿経』	『観無量寿経』	『阿弥陀経』
釈尊の対告者	仏弟子阿難	王妃韋提希（いだいけ）	仏弟子舎利弗
物語の発端	阿難の発問	王舎城の悲劇	無問自説
主要なモチーフ	法蔵菩薩の本願と安楽国土の建立	韋提希の苦悩と極楽世界の開示	阿弥陀仏と極楽の功徳の讃嘆

B・親鸞からみた浄土三部経
1、浄土三部経の選び
・善導（六一三～六八一）……読誦経典としての三部経選定
・法然（一一三三～一二一二）……「浄土三部経」の命名と浄土宗の独立
「正しく往生浄土の教を明すというは、三経一論これなり。三経というは、一には、『無量寿経』、

二には『観無量寿経』、三には『阿弥陀経』なり。一論というは、天親の『往生論』これなり。あるいはこの三経を指して、浄土の三部経と号すなり。」（『選択集』教相章）

2、真実の選び

・親鸞（一一七三〜一二六二）……最も根源的な出来事としての帰本願

「しかるに愚禿釈の鸞、建仁辛《かのと》の酉《とり》の暦、雑行を棄てて本願に帰す。」（『教行信証』後序）

・『大無量寿経』・真実の教・浄土真宗

「それ、真実の教を顕《あらわ》さば、すなわち『大無量寿経』これなり。」（『教行信証』教巻）

・『大無量寿経』の異訳経典（大阿弥陀経、平等覚経、如来会）の参照

新しい救済観　cf. 現生正定聚《げんしょうしょうじょうじゅ》

3、本願から生まれた経典

・阿弥陀仏の応化身としての釈迦

「久遠実成阿弥陀仏　五濁の凡愚をあわれみて
釈迦牟尼仏としめしてぞ　迦耶《がや》城には応現する」（『浄土和讃』）

・本願（第十八願）成就文の解釈

（1）原文

「諸有衆生　聞其名号　信心歓喜　乃至一念　至心回向　願生彼国　即得往生　住不退転　唯除五逆　誹謗正法」（『大無量寿経』下巻、第十八願成就文）

（2）親鸞の「至心回向」の訓み下し

「至心に回向せしめたまえり」「至心回向したまえり」

・近代文献学的立場からの批判……津田左右吉（一八七三〜一九六一）の親鸞批判

C・浄土三部経が告知するもの

1、指をもって月をおしう

・ナーガールジュナ（龍樹一五〇～二五〇）の教示

〈指月《しげつ》の喩え〉

「涅槃に入りなんとせし時、もろもろの比丘に語りたまわく、

『今日より法に依りて人に依らざるべし、義に依りて語に依らざるべし……』と。義は語にあらざるなり。人、指をもって月を指《おし》う、もって我を示教す、指を看視して月を視ざるがごとし。人、語りて言わん、『我指をもって月を指う、汝をしてこれを知らしむ、汝何ぞ指を看て月を視ざるや』と。これまたかくのごとし。語は義の指とす、語は義にあらざるなり。これをもってのゆえに、語に依るべからず。」

（『大智度論』・『教行信証』化身土巻所引）

2、広説衆譬《こうせつしゅうひ》

「我いま汝がために、広くもろもろの譬を説かん」（『観無量寿経』）

・韋提希《いだいけ》における極楽世界の開示と苦悩の安慰

3、原理主義を超えて

・譬喩経＝象徴文学としての浄土三部経

（図3）

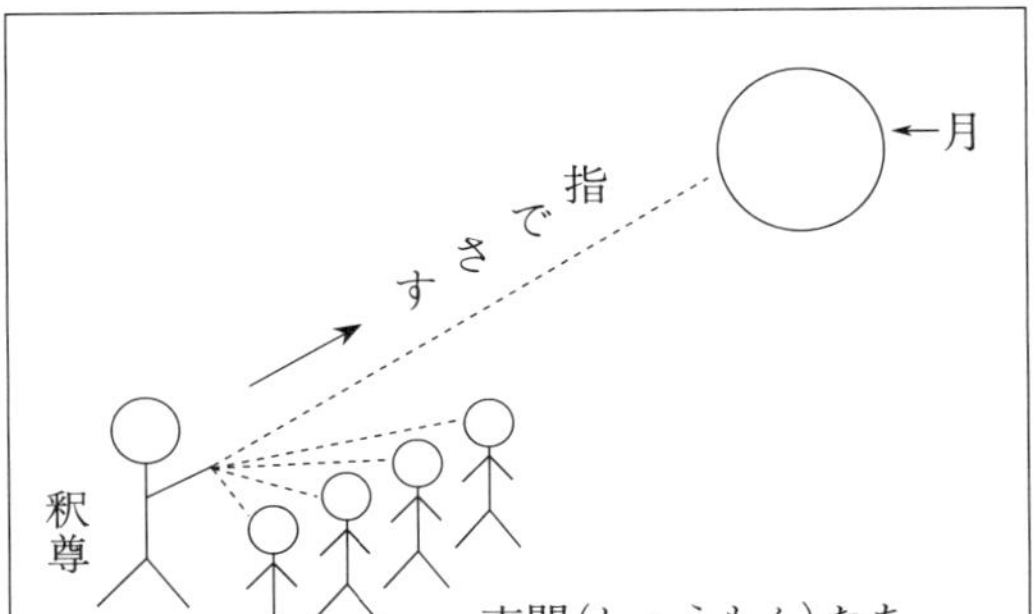

むすび…不安の時代に

1、時代を超えた人間の不安

・古代人の歎き

「三界は安きことなく、なお火宅の如し」（『法華経』譬喩品）

「然るに世人、薄俗にして共に不急の事を諍《あらそ》う。……念《おもい》を累《かさ》ね慮《おもんぱか》りを積みて、心のために走《は》せつかいて、安き時あることなし。田あれば田を憂う。宅あれば宅を憂う。」（『大無量寿経』下巻）

2、救いへの願い

・浄土建立の志願

「吾誓う、仏を得んに、普《あまね》くこの願を行ぜん。一切の恐懼《くく》に、ために大安を作《な》さん。」

（『大無量寿経』上巻）

・不安……解決か、解消か？

第二章　浄土教と神話

浄土教の根本思想を明らかにしたもっとも重要な経典は『大無量寿経』である。この経典は、浄土教の本質を見事に説き示し、数ある浄土教典のなかでも一きわ光彩を放っている。それゆえに『大無量寿経』は、天親の『無量寿経優婆《うば》提舎願生偈《だいしゃがんしょうげ》』、これを解釈した曇鸞の『浄土論註』をはじめとして、古来、慧遠《えおん》、吉蔵《きちぞう》、元暁《がんぎょう》、憬興《きょうごう》など多くの釈家によって解釈されてきた。のみならずこの経典は人生を照らす法灯として、無数の人に尊崇されてきたのである。

親鸞もまた『大無量寿経』の伝統に帰命した仏教者であった。聖人は『教行信証』「教巻」において「夫《そ》れ真実の教を顕《あらわ》さば、則ち大無量寿経是れなり」と宣言し、「如来興世《こうせ》之正説、奇特最勝之妙典、一乗究竟《くきょう》之極説、速疾円融之金言、十方称讃之誠言、時機純熟之真教なり」と最高の賛辞をこめて結嘆されている。親鸞聖人の実存の全体は『大無量寿経』にかかっていた、と言っても決して過言ではないのである。

このような生命の書である『大無量寿経』は、一方で人間の常識を越えたような表現が随所に見られる。それは「神話的」という言葉をもって表わしても差支えないであろう。この経典における神話的な表現に触れるとき、現代人には、それは古代インド人の空想であるように思われるであろう。そしてこの神話性ということが現代人が浄土教が出会うという場合の大きな障害になっているのである。一体『大無量寿経』の神話的表現をいかに領解すべきなのか。このような関心から、最近この神話性という問題をめぐって様々な論議が展開されている。そしてそれにはドイツの新約学者、ルドルフ・ブルトマン（Rudolf Bultman 1884〜1976）の提起したキリスト教の「非神話化」論（たとえば *"Kerygma and Myth"*）が大きな刺激となっていることは周知のところである。今ここでこの論争について論及するだけの紙幅はないが、ともかくも私たちは『大無量寿経』の神話的表現の背後を流れる論理をさぐりあてなければならない。

ところで『大無量寿経』の中核となっているのは、言うまでもなく法蔵菩薩の発願修行と浄土建立の物語である。いまそれを簡単に整理すれば次のようなものになる。

(1) 一人の国王が仏の説法を聞いて心に悦びを懐き、国を棄て王を捐《す》てて沙門《しゃもん》となり、法蔵と号した。

(2) 法蔵比丘《びく》は、世自在王《せじざいおう》仏のみもとで、一切衆生を度脱せんがために五劫の間仏国を荘厳すべき清浄の行を思惟し摂取した。四十八願を発起し、この本願が成就しなければ正覚を取らないと誓った。

(3) 不可思議兆載永劫に於て、菩薩の無量の徳行を積み、無数の衆生を教化し安立して、無上正真の道に住せしめた。

(4) 法蔵菩薩は十劫以前に已に成仏して、阿弥陀仏（無量寿仏）と号し、ここを去ること十万億刹《せつ》の西方安楽国におられる。

以上が法蔵比丘の物語の要約である。このように法蔵は、(1)国王、(2)比丘、(3)菩薩、(4)仏、という四段階の自覚の歴程を歩まれたのである。この物語は神話的である。その理由として何よりもまず、この物語にある時間観念と空間観念を挙げることができよう。

最初に時間の観念について触れてみると、神話を神話でないものと区別する決定的な要因は、神話のもつ時間観念にあるとされる。いかなる神話も原古の出来事について述べるが、いま法蔵説話もまた遙かに遠い過去の物語として描かれる。〈五劫〉とか〈永劫〉とか〈十劫〉という時間単位は、人間の時間意識では把えることのできないような宇宙的な拡がりをもっている。

一方空間的観念からすると、〈十万億刹《おくせつ》の西方安楽国〉という距離の単位もまた人間の想像を絶している。法蔵説話を説き終わって、釈尊は阿難尊者に浄土の荘厳について語られる。この「浄土略讃」として描かれる浄土の華麗な光景は、もし文章を素直に受け止めるならば、ユークリッド的な空間の観念とは異なっており、あるいは「安楽」国という表現からすれば、一種のパラダイス神話とみなされるであろう。

以上のことを総合してみるとき、『大無量寿経』の内容は、根本的な仏教からは大きく変形した神話的思想にも思われ、そこに様々な批判と誤解が生ずることにもなるのである。

浄土教に限らず、仏教の神話的表現については古来幾多の批判を呼んでいるが、二、三その批判の代表的なものを挙げてみよう。

日本においては江戸後期の思想家で、神・儒・仏を歴史的に批判した富永仲基（一七一五〜一七四六）の説がまず注目される。仲基は日本の精神風土に適合するか否かという観点から仏教を批判するが、とりわけ後期仏教については「大乗非仏説」という論法をもってするのである。

仏道のくせは、幻術なり。幻術は今の飯縄《いづな》の事なり。天竺はこれを好む国にて、道を説き、人を教ゆるにも、これをまじえて道びかざれば、人も信じてしたがはず、されば釈尊はいづなの上手にて、六年山に入て修行せられたるも、そのいづなを学ばんとてなり。……生死流転因果をとき、本事本生未曾有をとき、奇妙なる種々の説をせられたるも、皆人に信ぜられんがための方便なり。是は天竺の人をみちびく仕方にて、日本にはさのみいらざる事也。（『翁の文』）

飯縄とは、管狐（くだぎつね）を使って行う術で、長野県の飯縄山の神によって与えられた不思議な魔術であるといわれる。仲基は仏教がそのような魔法を使って人々を導くことを批判し、また因果の法や、本生譚などの説を日本の風土に合わないとして斥けるのである。仲基の批判が向けられた経典は『維摩経』であるが、ここに近世人と仏教が衝突する一例が窺われる。

西洋では、仏教の研究は近代になって始まった。ところが仏典に見える仏陀像があまりに人間の姿とかけ離れているために、はたして仏陀が歴史上に存在したかどうかということさえ疑われたような時期があった。後期経典よりもパーリ仏典の方を尊重するという態度が根強いのは、そのような背景によるものであろう。ドイツのインド学者として著名だったオルデンベルク（H. Oldenberg 1854〜1920）の場合を例にとってみると、

インド本国では仏典は数世紀の間に新らしい運命を経験し、原始教会の儀礼は、後代の詩と創作

の背後に徐々に消えていった。しかしセイロンの教会は単純でやぼくさい「老人の言葉」（テーラバーダ）に忠実であり続けた。（『仏陀』第一部第一章）

として歴史的仏陀の研究にパーリ仏典を取り上げるのであるが、神話的仏陀の出現については次のように述べる。

僧侶や俗信徒において、仏陀の尊さを示して説かれたいくつかの特色が、やがて沢山の媒体によってかようなことに連なっていくとしても驚くにあたらない。それは、幾世紀も昔、ヴェーダ時代の牧夫や農民の間で、またそれより以前のインド・ギリシア・ゲルマン族の名もない祖先たちの間で、人々が空想的に歌のなかで、太陽英雄、すべからく現世の英雄の光輝に満ちた姿と連想したものであった。（同）

一方にはイエス・キリストの歴史的性格に比して、釈尊の存在には歴史性が欠如しているとの批判もある。スイスの神学者エミール・ブルンナー（Emil Brunner 1889〜1966）は後期の仏典について次のような意見を述べている。

初期の仏教にとっては、仏陀が実在したかしないかは、結局においては全くどうでもよいことなのである。というのは、かれの「道」はかれの人格に結びついているのではないからである。後期の仏教は、たしかに、仏陀の化身に重大な意義を認める。しかしこれは多くの化身のうちの一つにすぎないし、この一つの化身においても、歴史的仏陀は、神話的・伝説的粉飾に蔽われて、ほとんど全く識別しがたくなっている。（「一回的なるものと実存の性格」『人間性の限界』所収）

右のような批判は枚挙にいとまがないであろう。たしかに後期の経典がパーリ仏典に比して神話的色彩が濃厚である事実は否定できない。〈三十二相八十随形好《ずいぎょうごう》〉の大相好《そうごう》、仏特有の〈十八不共法《ふぐほう》〉などの超人的風貌、〈十方諸仏〉あるいは〈五十三仏〉というような超越的仏陀像の観念は、後期の経典に顕著な神話的表現である。だがそれゆえに仏教が変質したということはできない。むしろ仏教は後に大乗思想が展開されるに及んで一層根源化され、真理化され、結局宗教化されたと理解されるべきであろう。仏教の神話化の背後には、そこに至る歴史的な必然と思想的な論理がある。この点に私たちは十分に眼を向けなければならない。『大無量寿経』の神話的表現もその路線のうえにあったのである。

大乗仏教の修辞法は、一言でいえば、仏教を普遍的かつ永遠的な価値にまで昇華しようとすることに起因している（木村泰賢「原始仏教思想論」第一篇第一章参照）。そこに釈尊の入滅という歴史的事件が大きな動機となっていることは注意されねばならぬ。その代表的な例は『涅槃経』である。この経においては仏入滅の場面が背景として選ばれるが、そこに、「仏は畢竟して涅槃に入り給はず」ということが、繰り返し強調されている。〈如来常住〉や〈悉有《しつう》仏性〉という教説は、仏陀の入滅という深刻な事件を契機として、法が超越的・普遍的・超時間的な真理であるとの自覚が興起したということを表わすものであろう。

ところで過去・現在・未来の三世諸仏という仏陀観は、原始仏教や部派仏教にみられるが、とりわけ「本生譚」（ジャータカ）は過去仏の思想を表わす典型的な文学である。また有名な「七仏通戒偈」では、過去の七仏がすべて次のような偈を説かれたとする。

諸悪莫作《まくさ》　衆善奉行

自浄其意　是諸仏教　　　　　（『法句経』一八三）

この「七仏通戒偈」は『増一阿含経』にその原型が見られるとされるから、仏教は初期においてすでに過去仏の思想を孕んでいたことが知られる。過去仏思想の展開は、仏が仏たるところの根源、最究竟のものを尋ねようとする思想の方向を示している。

このような〈尋源〉の思想は、『法華経』における「仏々同道」の信念にも明確にみとめられる。『法華経』には、過去無量無辺不可思議劫に出られた日月灯明仏もまた、この『法華経』を説いたと述べられている。そしてその日月灯明仏が説法されるときに現われた奇蹟が、同様に釈迦仏の時においても現われていることを述べて、ここに「古今一致」が表明されるのである（横超慧日「法華経と仏伝」『法華思想の研究』参照）。

問題を『大無量寿経』の場合に移してみよう。浄土教にも『阿弥陀経』六方段に典型的にみられるような多仏思想と同時に、『大無量寿経』には過去五十三仏が説かれ、過去仏思想が明瞭に現われている。周知のように、『大無量寿経』は重層的な構造によって成り立っている。物語の外側では、釈尊が対告衆の代表である阿難に説法されるという光景が述べられている。また物語の内側では、世自在王仏が法蔵比丘に教を説き、それに従って法蔵比丘が発願・修行されるという有様が描かれている。ところが両者のテーマは、本質的に異なったものではないことが気づかされるのである（弥勒菩薩と釈尊の場合も同様である）。物語の外側と内側との関係は、例は適切ではないかもしれないが、上蓋をあけると中に小箱が入っている入れ子とか重箱を想い起こさせるものがある。しかも法蔵菩薩以後にも五十三の諸仏が世に出興されたということであるから、さらに無窮にこの対応関係が連続していることが暗示されるのである。

どこまでも過去に溯源する限り、時間の観念もまた宇宙的なスケールにまで拡大されざるをえない。釈尊と阿難の出会いは、さらにその祖型が尋ねられていくことになる。釈尊と阿難は祖型的モデルを世自在王仏と法蔵菩薩に捜しあてるのである。すなわち『大無量寿経』もまた「仏々同道」の思想を表明しているのである。阿難尊者が釈尊に出会い、本願に覚醒され、最後に自立する——という経緯は、世自在王仏に邂逅し、それによって四十八願を感得された法蔵比丘の姿にその祖型的モデルがある。釈尊と阿難は、いわば原光景、原初のドラマを反復し再現しているというように理解できる。「仏々同道」とは、〈同一構造の反復〉であろう。私たちは『大無量寿経』に「祖型と反復」（archetype and repetition）という、神話に特有の論理を見出すのである。

人間の身体は、原形質とか細胞というような基礎物質から成り立っており、その構成要素を基本として生命活動が営まれていると言われる。これは生物学による一種の人間祖型論であろう。それでは人間の祖型ということについて、仏教はどのような洞察を説いているだろうか。たとえば生老病死の四苦は、人間である以上例外なく引き受けねばならぬ現実であると教えられるが、これは仏教的な祖型論の一例である。人間はこの祖型を永遠に反復する。それが輪廻である。善導大師は、「自身は現に是れ罪悪生死の凡夫、曠劫《こうごう》より已来《このかた》常に没し常に流転して、出離の縁あることなし」と道破された。〈罪悪生死〉とは人間の祖型であり、〈常没流転〉は永劫の反復、そして〈無有出離之縁〉とはその必然的な結果としての絶望的な未来である。ここに流転門から見た人間本性（機）の構造がある。

一方仏教では、涅槃の本源に還帰することが説かれる。それが還滅《げんめつ》門である。還滅門はどこまでも根源に溯っていくという従果向因の方向性を有する。法において祖型・反復とは、如来に示された根源的な人間姿勢を回復することである。本来の面目とはその姿であろう。流転の真の自覚は、還滅への真の契機となる。

すでに見たごとく、やがて仏教には、神話的な仏陀像の観念が登場するが、それは、仏陀の超人性を讃嘆し、あるいは諸仏の偏在を説くということと同時に、仏をして仏たらしめたところの源泉を尋ねるところにもたらされた。歴史に出興された釈迦牟尼は、如来の流れを汲んだ存在として了解される。ここに無師独悟という旧来の考え方は大きな転回を遂げるのである。かつて曾我量深師は「釈迦以前の仏教」という説を述べられた（『親鸞の仏教史観』）。それは、仏教が決して二千五百年前に誕生された釈尊をもって起源とするのではなく、世に出興される以前も以後も変らざる法を起源とするとの道理を語るものである。法蔵菩薩すら自らを法の始祖と呼ぶことはない。「嘆仏偈」に「願はくば我作仏して、聖法王《しょうほうおう》に斉しく、生死を過度して、解脱せざる靡《な》けん」と決意される。法蔵菩薩もまた世自在王仏のみもとにあって聞思されるのである。「嘆仏偈」は仏道の伝統に帰依し、自ら成仏せんとの志願を表明する頌である。

「伝承と己証」は仏道の根幹である。それは換言すれば「祖型と反復」である。「祖型と反復」は、神話一般に通有する本質的な原理であるといわれる。ルーマニア出身の神話学者であるミルチァ・エリアーデ（Mircea Eliade　1907~1986）は、次のように述べている。

伝承文化に属する人々にとって、生きるとは何を意味するか。それは何よりも先ず超人間的モデルに従い、祖型と一致して生きることを意味する。……祖型を除いて真にリアルなもの（真実性）は何物も存在しないのであるから、それはリアルの中において生きることを意味するのである。祖型に合致して生きることは、「法」を尊重するにひとしかった。なぜなら法は唯一の原初の聖なるものであり、存在規範の illo tempore におけるあらわれであり、神もしくは神話的存在者によって露顕せしめられたものだからである。（『永遠回帰の神話』第一章「祖型と反復」）

法蔵菩薩の物語を架空の出来事としてではなく、現前の事実として世俗の生活のなかに受け入れること、それが浄土教徒の生き方である。神話と人間の間にある問題はさらに吟味を要する。この点において、本多弘之氏は示唆に富む洞察を示しておられるが、いまここで論考する余裕はない（参照『親鸞の救済観』「付説二」）。ただ想い起こされるのは、『歎異抄』後序の親鸞聖人の有名な言葉、「弥陀の五劫思惟の願をよくよく案ずれば、ひとへに親鸞一人がためなりけり」という述懐である。ここには、本願の信心において、十劫という時間の距離が廃棄されて、法蔵比丘や阿難が聴聞されたときと同じように、仏の会座に加わるという宗教的真実の世界が見事に語りつくされている。南無阿弥陀仏を信楽《しんぎょう》する一念において、輪廻の業苦に沈む人間の現在が、神話的な過去と共時的になり、そこに法悦が成就されるのである。信仰における自己の連続的な生命の蘇《よみがえ》りは、「永遠回帰」（eternal return）ということもできるであろう。

親鸞聖人をして「夫《そ》れ真実の経を顕《あらわ》さば、則ち大無量寿経是れなり」とまで断言せしめた根拠は何か。それは何よりも本願の真実の自覚であろう。聖人においては、法蔵菩薩の物語はただのフィクションではなく、真実の物語であった。神話は神話にとどまらず現実に生きたのである。
そのことに関してわれわれに大きな示唆を与えてくれるのは聖人の和讃である。たとえば『高僧和讃』において、師法然は次のように讃えられている。

智慧光のちからより　本師源空《しゃうにん》あらはれて
浄土真宗をひらきつつ　選択本願のべたまふ

阿弥陀如来化してこそ　本師源空《しゃうにん》としめしけれ
化縁すでにつきぬれば　浄土にかへりたまひにき

曠劫多生のあひだにも　出離の強縁《がうえん》しらざりき
本師源空《しゃうにん》いまさずば　このたびむなしくすぎなまし

源空《しゃうにん》存在せしときに　金色の光明はなたしむ
禅定《ぜんじゃう》博陸《はくろく》まのあたり　拝見せしめたまひけり

この和讃には、阿難が釈尊に五徳現瑞《ごとくげんずい》を拝見し、法蔵比丘が世自在王仏を光顔巍々《こうげんぎぎ》と讃えられたときの感動と同質の内容がある。もしこの和讃を句面のとおり受け取るならば、私たちの眼には、師法然は超人的な存在であると映る。だが現実に歴史のなかで生きた法然上人は決して神の化身ではなく、人間の運命に随順した一介の凡夫である。にもかかわらず親鸞にはこのように讃嘆されるのである。

聖人は師法然に如来の姿を仰いだのである。このような人間観は、恐らく仏教特有のものであろう。

この和讃に、私たちは〈同一構造の反復〉という実例を見ることができる。宗教的感動の世界をこのような神話論の図式で解釈することは、あるいは適切でないかもしれない。しかし釈尊と阿難、世自在王仏と法蔵比丘の出遇いという『大無量寿経』に描かれた事柄は、親鸞においては、師法然との邂逅という自己の宗教経験に逆照射されることになっているのである。このときには親鸞は、法蔵比丘や阿難と共時的にある。ここに私たちは、浄土教における「神話と現実」の一端を窺い知ることができるのである。

第三章　仏弟子阿難

——『大無量寿経』試考——

一　阿難の人格

あらゆる経典において、釈尊は、対告衆《たいごうしゅう》に向かって説法するが、『大無量寿経』では、釈尊は、阿《あ》難《なん》（Ānanda）をその対告衆の代表に選んで説法する。経典作者が特にこの阿難という比丘《びく》を対告者として設定したところには、何らかの意図が働いていたのではなかろうか。私は、阿難に焦点を当てて『大無量寿経』を読むとき、この経典の心の一端に触れえる思いがする。

阿難の伝記のうち注目すべきことは三つある。第一に、阿難は、二十余年間釈尊の常随給仕の弟子として仕えたことである。仏成道の夜出生した阿難は、釈尊の従弟にあたり、二十五歳にして仏の侍者となってからは、釈尊の公私の生活の全体にわたって、影の形に随うように、終生世話をした。のみならず、釈尊の十大弟子の一人に数えられ、聞法第一として、求道の志が非常に厚かった。

第二に、阿難の伝記のうちで注目されることは、尼僧教団の成立に尽力したことである。仏教においては、女性は仏教の器でないとして容易に出家が許されなかったのであるが、釈尊は阿難の要請によって出家を認めたのである。すなわち釈尊の父浄飯王《じょうぼんおう》（Śuddhodana）が逝去したのち、釈尊の養母である波闍波提《はじゃはだい》（Mahāprajāpatī-gautamī）は、出家を釈尊に乞うたところ許されなかった。しかし、阿難の再三の要請によって、釈尊は、厳重な戒律の条項を規定してついに女性の出家を許した。ここにおいて、仏教の教団が女性にも開放されるようになったのである。

第三に注目されることは、仏典の第一結集《けつじゅう》に対する功績である。釈尊入滅ののち摩訶迦葉《まかかしょう》（Mahākāśyapa）が主催して、聖典編集の会議を行った。その席上で彼が阿難に一々の経について質問したとき、阿難は、「このように私は聞いている……」といって一々の経を読誦したといわれる。以来、経典の冒頭にある「如是我聞」の我は、阿難自身を指すと伝えられている（たとえば善導『観経序分義』）。

しかしこのような多聞《たもん》第一の阿難は、最後まで悟りを得ることができなかったようである。摩訶迦葉は、仏典結集に臨んで、阿難がまだ煩悩を断尽していないことを叱り、かつ五罪を挙げて阿難を呵責した。五罪とは、一に、女人の出家を請い、正法五百年を減じた。二に、仏陀入滅の前に水を求められたとき、これを給しなかった。三に、仏の留寿を請わずに、入滅を早めた。四に、仏の着ている法衣（僧伽梨衣）を畳むとき、足で踏んだ。五に、仏陀入滅の後、仏の秘所を誤って女人に示した。等々であるが、諸伝を参照して、阿難の人間像に想いを馳せるとき、そこにまことに人間的な姿が彷彿と湧き上がってくる。「釈迦の御弟子は多かれど、仏の従弟は疎《うと》からず、親しきことは誰よりも、阿難尊者ぞおはしける」（『梁塵秘抄』巻第二）と詠った古人の気持が推し量られる。

ところで、『大無量寿経』における阿難の意義を考察しようとするとき、その対告衆の構成が注意される。康僧鎧《こうそうがい》訳の『大無量寿経』には、声聞《しょうもん》と菩薩の二衆の名が列名されている。だが『大無量

寿経』の対告衆が声聞・菩薩の二衆に限らないことは、異訳に照らせば明らかである。たとえば『平等覚経』には、

与大弟子衆千二百五十人、菩薩七十二那術、比丘尼五百人、清信士七千人、清信女五百人、欲天子八十万、色天子七十万、遍浄天子六十那術、梵天一億皆随仏住。

と列名されている。上は菩薩から下は人天に至るまで、皆対告衆とされている。これは、『大無量寿経』の法門が一切衆生に開かれていることを示すものであろう。いま『大無量寿経』の阿難は、声聞衆の最後のところに、「尊者阿難」と列名されている。どうして阿難は、声聞のしかも最後に挙げられているのか。ここには考慮すべきことがあるように思われる。承知のように、声聞は、仏を離れて修行できぬ人である。大乗非器の人である。このような存在としての声聞を対告者に選んで、釈尊が説教されたというところに、『大無量寿経』が、まさしく一切の群萌、言葉を換えれば凡夫を対象として開説された法門であることが知られるのである。

二　仏陀の聖旨

伝統的な区分法に従えば、経典の構成は、序分・正宗《しょうじゅう》分・流《る》通《ずう》分の三段に分けられる。小論では『大無量寿経』の序分を扱うが、序分は二節に分けられる。前節（通序・証信序）では、釈尊の八相成道が、後節（別序・発起序）では、本論である正宗を引き出す導入の物語が説かれる。この後節の発起序に阿難が登場するのである。以下の論稿で、私は『大無量寿経』のプロローグである発起序の解

読を通して阿難の存在意義を尋ねてみたい。

あるとき釈尊は、声聞・菩薩とともに王舎城耆《ぎ》闍堀山《しゃくっせん》におられた。浄土の教えが説かれるべき機運の純熟したことを悟った釈尊は、いまだかつて現わしたことのない未曾有の瑞相《ずいそう》を現わされる。発起序は、次のように書き出される。

その時、世尊、諸根悦予《えつよ》し姿《し》色《しき》清浄にして光顔巍巍《こうげんぎぎ》とまします。尊者阿難、仏の聖旨《しょうし》を承《う》けてすなわち座より起《た》ち、偏《ひと》えに右の肩を袒《かたぬ》ぎ、長跪《ちょうき》合掌して……

「光顔巍巍」という言葉で表現されるような神々しい姿に驚嘆した一万二千人の大比丘衆を前にして、釈尊は、阿難一人を選び、阿難一人を対告者として金口《こんく》を開かれる。経典においては、釈尊は、集団にではなく、必ず一人の者に向かって語りかける。たとえ一万二千人の聴衆が集うても、対告者を一人に限定して、その根機に応じて教を説く。このことは、教との出会いが、説く者と聞く者との一対一の対面、汝と我との対面においてのみ成り立つことを示すものである。

一体、教に出遇うということは、時機の到来を離れてはありえない。釈尊は、なぜ対告者として阿難を選ばれたのか。それは、阿難に時機純熟した姿を、そして阿難に象徴される人間すべてに教の説かるべき時が到来したことを見届けたからに違いない。いま世尊という「我」によって、「汝」と呼びかけられた阿難は、聖旨を受けて座より起ち、インドの礼に随って、右の肩をかたぬぎ、膝を地につけ、両手を合して世尊に対面する。大比丘衆が注視する中で行われるこの阿難の厳粛な身振りは、古代の香りをたたえて、ひとつのドラマが始まる前のあの緊張を孕んでいる。

三　大疑現前

『大無量寿経』のプロローグにおける釈尊と阿難の出会いはドラマ的である。そして両者の間に交わされた対話を検討するとき、『大無量寿経』という経典の性格と意図がおのずと領解される。

この釈尊と阿難の対話の一節につき、経典学者たちは、いくつかの段落をほどこした。吉蔵《きちぞう》（嘉祥、五四九～六二三）は、『無量寿経義疏』に、「初如来現相、二阿難問、三仏検其問意、四奉答、五答所疑仏開発宗」と五段に分けている。憬興《きょうごう》（七～八世紀）は、『無量寿経述文賛』に、「第一、問仏顕相、第二、審問所以、第三、影問自請、第四、歎問勅許、第五、阿難欲聞、第六、如来広説」と六段に分けている。慧遠（浄影《じょうよう》、五二三～五九二）は、『無量寿経疏』に、「第一段、如来現相発起、第二段、阿難請問、第三段、如来審問、第四段、阿難実答、第五段、勅聴許説、第六段、阿難奉勅」の六段に分けている。これらの経典学者の科文《かもん》を見ても明らかなように、阿難と釈尊の対話は、問いと答えの展開であり、この問答往復するところにこそ、『大無量寿経』が明らかにせんとする仏教が、端的に窺われるのである。

さて、常随昵近の侍者として釈尊に仕えてきた阿難は、自分がかつて見たことのない光に満ちた釈尊の尊容を拝する。その光はなにゆえなのか。座より起った阿難は、聴衆を代表して、いまのあたりに見る不可思議なる仏の相好について、驚きの念をもって問わずにはいられない。この驚きが、『大無量寿経』開説の端緒を開くのである。

今日、世尊、諸根悦予《えつよ》し姿色《ししき》清浄にして、光顔巍巍《こうげんぎぎ》とましします。明らかなる浄鏡の表裏に影暢《ようちょう》するがごとし。威容顕曜《けんよう》にして超絶したまえること無量なり。未だ曾《かつ》て瞻覩《せんと》せず。殊妙なること今《きょう》のごとくましますをば。

「諸根悦予、姿色清浄、光顔巍巍」の三句に、阿難の驚きは尽くされている。長い間釈尊に仕え、真実の仏に遇いたいと願った阿難は、一点の曇りもない鏡のように清浄な釈尊の姿を拝見して大きな感動を覚えるのである。いまその阿難の驚きは、「光」との出会いという形で説かれている。阿難の眼に、釈尊は、「光の人」として映じている。

「光」に出会うということは、「闇」が晴らされるということに他ならない。そして師に遇うということは、自己の無明が破られるという体験に他ならない。たとえば法然に出会った親鸞は、そのような体験をもった人であった。親鸞の眼に、法然は「光の人」として映じた。だからこそ、「智慧光のちからより本師源空あらわれて」「源空存在せしときに金色の光明はなたしむ」「源空光明はなたしめ門徒につねにみせしめき」「本師源空のおわりには光明紫雲のごとくなり」（『高僧和讃』）と詠ったのである。

親鸞は、その著作の中で、阿難について直接に言及してはいないが、阿難に深く共感するところがあったに違いない。『教行信証』教巻は、『無量寿経』の発起序の一節を全面的に引用して、「真実教を顕わす明証」としている。この事実からも、私は、親鸞が阿難の問いをわが問いとし、阿難における光の体験をわが体験の上に映しみて『教行信証』を執筆していることを思うのである。

筆端思わぬ方向に及んだが、注意されるのは、阿難の驚きは、阿難をして即座に無量寿仏への帰依に向かわせずに、阿難をさらに深い問いの中に沈めたことである。親鸞は、阿難の驚きを次のように詠った。

尊者阿難座よりたち
世尊の威光を瞻仰《せんごう》し
生希有心《しょうけうしん》とおどろかし
未曾見《みぞうけん》とぞあやしみし
（『浄土和讃』）

驚きとは、非日常的なものの日常への到来であり、異質体験である。驚きの生ずるところにこそ、信仰の発起する根がある。逆に言えば、驚きのないところには、信仰は起こりえない。驚きは、信仰における重大な契機である。聖書的な見地からすれば、驚きには、究極的に二つの形態、すなわち「驚いて信ずるか」「驚いて躓くか」があるといわれる（武藤一雄「驚きと信仰」『キェルケゴール』）。いま阿難の驚きは、阿難をすぐ信仰へと導かずに、阿難を躓かせている。阿難の心にいま大疑が現前している。しかしこの大疑が、阿難の問いをさらに深いものにしているのである。

四　大寂定弥陀三昧

この不可思議な異質体験に遭遇した阿難は、心ひそかに釈尊の境涯を推察する。
唯然《やや》り。大聖、我が心に念言すらく、今日《こんにち》、世尊、奇特の法に住したまえり。今日、世雄《せおう》、仏の所住に住したまえり。今日、世眼、導師の行に住したまえり。今日、世英《せよう》、最勝の道に住したまえり。今日、天尊、如来の徳を行じたまえり。

仏弟子阿難の眼に映じた釈尊の尊容は、五つの徳相をもって表現される。古来、この徳相を五徳現《ごとくげん》瑞《ずい》と呼んでいる。この五徳現瑞に、いま初めて出遇いえたという驚きを、阿難は、「今日」という語を五回繰り返すことによって表明している。それでは、五徳現瑞の内実は、具体的にどのようなものなのか。新羅の仏教学者憬興《きょうごう》の次の解説に聞いてみよう。

「今日世尊住奇特法」というは、神通輪《じんずうりん》に依って現じたまうところの相なり、ただ常に異なるのみにあらず、また等しき者なきがゆえに。「今日世雄住仏所住」というは、普等三昧に住して、よく衆魔・雄健天を制するがゆえに。「今日世眼住導師行」というは、五眼を導師の行と名づく、衆生を引導するに過上なきがゆえに。「今日世英住最勝道」というは、仏、四智に住したまう、独り秀でたまえること、匹しきことなきがゆえに。「今日天尊行如来徳」というは、すなわち第一義天なり、仏性不空《ふくう》の義をもってのゆえに。「阿難当知如来正覚」というはすなわち奇特の法なり。「慧見無碍」というは、最勝の道を述するなり。「無能遏絶《むのうあつぜつ》」というは、すなわち如来の徳なり。

（『無量寿経述文賛』）

『大無量寿経』の五徳現瑞の段は、憬興にこのように解釈される。親鸞は、『教行信証』教巻に右の一節を引用し五徳現瑞を了解する目安としている。それは、親鸞の註釈として巻末に付せられたものに過ぎぬかもしれない。だが私たちは、憬興の釈を通して五徳の何たるかを推察する手懸りを得るのである。

『大無量寿経』に説かれる五徳は、異訳『如来会《え》』によれば、「入大寂定《だいじゃくじょう》、行如来徳」の二徳に分けられる。いまこの眼をもって『大無量寿経』の五徳現瑞を釈すれば、五徳のうち、前四徳は、住徳として仏の大寂定を示し、第五徳は、行徳として如来行を示すことになろう。しかも大寂定とは、三昧の異名に他ならない。したがって、如来の徳は、根源的には、すべて第二徳の「仏の所住」から等流することになる。三昧に入ればこそ、世尊は、様々な奇特の相を外に現ずることができるのである。

憬興によれば、この第二徳は、普等三昧《ふとうさんまい》であると解されている。普等三昧とは、普く十方に三世の諸仏を見る三昧である。普等三昧の語は、『大無量寿経』の中では、第四十五願に出て、ここでは「他方国土のもろもろの菩薩衆、我が名字を聞きて、みなことごとく普等三昧を逮得せん。この三昧に住して、成仏に至るまで、常に無量不可思議の一切の諸仏を見たてまつらん」と誓われている。『観無量寿経』の真身観には、「この事を見れば、すなわち十方一切の諸仏を見たてまつる。諸仏を見たてまつるをもってのゆえに念仏三昧と名づく」と説かれているが、この念仏三昧とは見仏三昧であり、普等三昧であるといえよう。

釈尊がこの普等三昧に入ったことは、そのまま『大無量寿経』開説の予兆である。およそ経を開説せんとする場合釈尊は必ず三昧に入られる。『華厳経』開説にあたって、仏は華厳三昧に入られた。『大無量寿経』証信序には、「仏の華厳三昧を得、一切の経典を宣暢《せんちょう》し演説す。深定《じんじょう》門に住してことごとく現在の無量の諸仏を観《み》たてまつる」と説かれている。『法華経』開説の釈尊も無量義《ぎ》処《しょ》三昧に入られた。これと同じように、『大無量寿経』を説かんとするにあたって、釈尊は普等三昧に入られたのである。この普等三昧がやがて阿弥陀の世界を開示する三昧に等しいものであれば、それは大寂定弥陀三昧に他ならない。とすれば、いま阿難の眼前にある釈尊は、そのまま永遠なる弥陀が、釈尊の身体を通して現じて来た姿だといえる。

この大寂定《だいじゃくじょう》弥陀三昧に入った釈尊の姿を拝見した阿難は、「預《あらかじ》め仏意を知る」(『平等覚経』)がゆえに、経を開説せんとする兆を予感している。

　去・来・現の仏、仏と仏と相念じたまえり。今の仏も諸仏を念じたまうことなきことを得んや。
　何がゆえぞ威神光光たること乃《いま》し爾《しか》る。

仏仏相念《ぶつぶつそうねん》とは、三世十方の諸仏が互に相念ずることである。説法の会座《えざ》にある釈尊は、いま諸仏を念じているに違いない、と阿難は確信している。阿難は、歴史の内にある仏が、歴史を超えて、真実報身の仏、すなわち諸仏の称揚する阿弥陀如来と感応道交している様を窺い、まさに経の開説されん兆を予感するのである。

阿難は、このように仏仏相念する釈尊の内景を念言するのであるが、そのとき阿難自らも、やはり仏仏相念の精神界のうちに包まれているといえよう。さもなければ、阿難は、このような言葉を発することはできないであろう。「それはいはゆる現在の仏と未来の仏との仏仏相念である」(曾我量深『大無量寿経聴記』)。しかし阿難の驚きは、まだ疑惑を伴っている。「何がゆえぞ威神光光たること乃し爾る」。阿難は、このように釈尊に問わずにはいられないのである。

五　仏陀の反問

阿難の念言を聞き留めた釈尊は、その問いが自発的な問いであるか、あるいは他者によって促されただけの非主体的な問いであるのか、そのいずれかを確かめる。そこに、真理を求める者への、厳しい釈尊の態度を見ることができる。すなわち釈尊は、阿難の問いには即座に答えず、次のように反問するのである。

　ここに世尊、阿難に告げて曰わく。「云何ぞ阿難、諸天の汝を教えて仏に来し問わしむるや。自ら慧見をもって威顔を問いたてまつるや。」

問いに答えるに先立ち、釈尊が確かめるのは、阿難の問いの主体性如何である。一体、阿難の問いは、自らの直接の「慧見」なのかどうか。釈尊の吟味する点はそこにある。もしそれが間接的な問いであれば、「臆見」ともいうべきである。

経は、自発的に聞かんと欲する者のうえにのみ開かれる。釈尊は、『法華経』を説かれる霊山《りょうぜん》会上において、増上慢の比丘たちの退座を黙然として見送られた。それは、彼らの上に真摯な聞法の態度を見なかったからである。それゆえ釈尊は、直接の対話者である舎利弗の聞法の心構えを三度までも確めて、しかる後に、その志の堅強なるを見て、初めて金口《こんく》を開き、「汝あきらかによく聞け」と語り始められるのである。

　このような釈尊の精神は、仏教そのものの伝統である。たとえば龍樹は、『十住《じゅうじゅう》毘婆沙《びばしゃ》論』の中で、易行道を開くにあたって、それを求める者の態度を先ずもって厳しく問い正す。不退を得たいが難行の道は及び難い、何か易行の道はないか、と求める者に対して、それは丈夫《じょうぶ》志幹《しかん》（菩薩）の言うことではない、儜弱怯劣《にょうにゃくこれつ》の者の言うことだと叱っている。易行の道を即座に指し示さず、叱正したうえで、不退を求める者に対して称名の道を説くのである。

いま阿難は、釈尊の反問に対して、自らの問いが決して、梵天や帝釈天などの「諸天」というような他者に促されて発起した問いではなく、真に自発的・主体的な問いであることを確言する。

阿難、仏に白《もう》さく、「諸天の来りて我に教うる者、あることなし。自ら所見をもってこの義を問いたてまつるのみ」と。

釈尊の「光瑞希有《こうずいけう》」（『如来会』）なる相を不思議に思わずにはいられぬがゆえに、私は問いたてまつるのである。そう阿難は答える。その答えを確かめた釈尊は、阿難の問いを次のように褒め讃える。

仏言《のたま》わく、「善きかなや、阿難。問いたてまつるところ、甚だ快《こころよ》し。深き智慧・真妙の弁才を発して衆生を愍念せんとしてこの慧義を問えり。」

この一節で注意されることは、釈尊の阿難を褒める理由が、阿難の問いが全衆生を荷負した問いであるという点にあることである。釈尊の眼に映じる阿難は、たんに山上の対告衆を代表する存在ではない。十方衆生、群萌《ぐんもう》を代表する存在である。普等三昧に入った釈尊は、諸仏を代表し、阿難は、どこまでも衆生に徹して、群萌を代表する。両者の問答は、そのまま法界と衆生界との応答である。この機法対応するところに、『大無量寿経』という経典の思想的核心があるといえよう。

六　出世の大事

阿難の問いを褒め讃えた釈尊は、いよいよ自らの出世の本意を告げる。この釈尊出世の本懐を明らかにするところに、『大無量寿経』序分の最大の目的がある。これまでの阿難との対話は、すべてこの出世本懐を告げるための導入である。

釈尊が地上に出現された意味は何か。なぜ釈尊は地上に出現されたのか。歴史的釈尊《ゴータマ・ブッダ》の滅後、仏教徒の問うたことは、この一事にあったと言っても過言ではない。経典作者は、意を尽くしてその問題を問い、それが壮大な経典文学の叙述となって開花した。したがって仏教の経典は、全体が釈尊出世の意義に対する答えであると同時に、釈尊出世の意義に対する問いである。そしていま『大無量寿経』は、釈尊出世の意義を次のように説示する。

> 如来、無蓋《むがい》の大悲をもって三界を矜哀《こうあい》したまう。世に出興したまう所以《ゆえ》は、道教を光闡《こうせん》して、群萌を拯《すく》い恵むに真実の利をもってせんと欲してなり。無量億劫に値《あ》いたてまつること難く、見たてまつること難し。霊瑞華《れいずいけ》の、時あって時に乃《いま》し出ずるがごとし。

この一節の鍵となる語は、「群萌」の一字である。釈尊の出世の本意は、決して特定の選ばれたもののためにではなく、まさに大地に密生する雑草のごとき「群萌」のために、道を開示することでなければならない。とすれば、いかなる「群萌」の上にも成就する道、「真実の利」は、どこにあるのか。この問いを受けて、『大無量寿経』は、阿弥陀仏の本願において開顕された名号に、「群萌」の依るべき大道を見出すのである。釈尊の出世本懐は、まさに仏の名号を顕彰することにあるとされるのである。したがって、この経典の本論たる正宗分には、仏願の生起本末が詳細に説かれている。ここに、『大無量寿経』の釈尊観があり、大乗的な仏教観がある。

いま阿難は、その「群萌」の代表者として、釈尊の説法を聴聞する。「時あって時に乃し出ずる」霊瑞華のようにまさに阿難のうえに、釈尊の説教の好機が到来したのである。「啐啄《そったく》同時」といわれる（『碧巌録』七則）。師家と修行者の呼吸がぴったりとあって、仏法の生命が伝わるのである。「若《なんじ》妄《みだり》に仏辺に在りて仏に侍せしにあらず」（『平等覚経』）。長年給侍してきた阿難に対して、釈尊はこのように述べられる。阿難よ、お前が私の側にあって聞法してきたのは無駄ではなかった、まさにお前一人に道を説かんがために私はこの世に生まれたのだ——と。ここに釈尊は、出世の本懐を表明する。と同時に、阿難は、釈尊出世の意義を感得することを通して、自らの出世の一大事に目覚めるのである。もしその自覚が生じなければ、釈尊がいくら説法師子吼《ししく》しても、聞く者にとっては空語に過ぎない。

自己の「群萌《ぐんもう》」性を自覚する者にとってのみ、『大無量寿経』の教説は響きうる。その自覚をくぐったがゆえに、親鸞は、「それ、真実の教を顕さば、すなわち『大無量寿経』これなり」（『教行信証』教巻）と叫ばずにいられなかった。「群萌」の自覚を通して、親鸞は如来の祈りに触れた。そして『大無量寿経』との出遇いを、万劫の初事《はつごと》として、自らの出世の大事に目覚めた。ここに親鸞の生存の自覚的基点があり、生存の方向と使命が決定された。

機教相応という言葉がある。愚鈍の身でありながら、釈尊の戒めを守り、ついに阿羅漢果を得たという周利《しゅり》槃特《はんどく》（Cūdapanthaka）の故事が示すように、仏は機根に応じて教を説かれる。『大無量寿経』は、濁世に喘ぐ群萌に道を示すところに、如来出世の唯一の目的があると説く。その道とは、念仏成仏の道にほかならない。そして群萌とは、具体的には、一人ひとりの生身の人間である。その一人の胸の内に、教が徹到し、光とならなければ、如来の出世も虚しく終わる。『大無量寿経』は、その群萌を象徴する存在として、阿難を登場させたのである。

七　願楽欲聞

阿難の問いを受けた釈尊は、その問いが阿難の個人的な問いにとどまらず、一切衆生を利益するところが多いと讃え、如来の絶対無限力を明らかにして、いよいよ『大無量寿経』の真意を説き出さんと告げる。

今、問えるところは饒益《にょうやく》するところ多し。一切の諸天・人民《にんみん》を開化す。阿難、当に知るべし、如来の正覚、その智量り難くして。導御《どうご》したまうところ多し。慧見無碍にして、能く遏絶《あつぜつ》することなし。一餐《ざん》の力をもって、能く寿命を住めたまうこと、億百千劫無数無量にして、またこれよりも過ぎたり。諸根悦予《えつよ》してもって毀損せず。姿色《ししき》変ぜず。光顔《こうげん》異なることなし。所以《ゆえん》は何んとなれば、如来は定《じょう》・慧、究暢《くちょう》したまえること極まりなし。一切の法において自在を得たまえり。阿難、あきらかに聴け。今、汝がために説かん。

釈尊は、阿難の背後に一切の諸天・人民を見ている。右の一節は、神話的な叙述のために、現実性が乏しいようにも思われる。だがここで釈尊の説くことは、如来の永遠性である。すなわち釈尊は、無常なる肉身に固執し、永遠常住なる法に無自覚な者に対して、無限者たる法に目覚めよ、と誡めるのである。

『般泥洹経《はつないおんぎょう》』（上）や小乗の『大般《はつ》涅槃経』（中）に依れば、釈尊の入滅の近いことを知った阿難は、前途を悲観し、悶え悩んで堪えきれなかったと伝えられている。このようなエピソードをもつ阿難を、対告者に選んで、如来の永遠性が説かれるのである。ここに『大無量寿経』の一つの思想的な意図があるように思われる。

いま釈尊は、わが述べる法を聴け、と阿難に告げ、阿難は、徹底した「聞」の姿勢に立って次のように応える。

対《こた》えて曰わく、「唯然《やや》り。願楽《がんぎょう》して聞きたまえんと欲《おも》う。」

釈尊の説かんとする心を承けた阿難は、「唯然《やや》り」と心に頷き、「願楽欲聞《がんぎょうよくもん》」と応えるのである。この一語が『大無量寿経』序分の最後の言葉であるとともに、「願楽欲聞」が流通分に至るまでの阿難の一貫した姿勢になる。阿難の問いは、いま初めて「願楽欲聞」の心にまで深化する。願・楽・欲の三字は、いずれも「ネガウ」という意味をもっている。聞という一字の前に、「ネガウ」を意味する同義語が三字付けられている。経典訳者の康僧鎧《こうそうがい》は、この措辞を通して、いま発起した阿難の強烈な聞法心を表現せんとしたのであろう。

最初「問」から出発した阿難は、「聞」へと進展する。釈尊の五徳現瑞を拝見した阿難は、驚きと疑いのなかから「問」を発するのであるが、ここに至って、驚きと疑いは、「聞」へと昇華される。「問」は自己抛棄の「聞」に転換されて自己は「無」になりきり、「聞」になりきるのである。だが阿難には、「問」なくして、「聞」が生じることはできなかった。「問」から「聞」が開かれてきたのである。自発的な「問」のないところには、「聞」も生まれないのである。『大無量寿経』発起序は、このことを語っている。

八　立ち上がる阿難

以上、私は、発起序の講読を通して、『大無量寿経』における阿難の存在意義を尋ねたのであるが、正宗分の中に入ってからは、阿難は、多くの問いを発することはない。ほぼ沈黙して、釈尊の説かれる仏願の生起《しょうき》・本末の物語に耳を傾ける。その間の阿難の二、三の問いは、もはや疑惑から生ずるものではない。「我この法を疑わず。但将来の衆生の、その疑惑を除かんと欲《おも》うがためのゆえに、この義を問いたてまつる」という言葉が象徴するように、阿難の「問い」は、群萌の地平から発せられる問いなのである。

それでは、釈尊より仏願の生起・本末の物語を聞き進んだ阿難は、最終的には、どのような姿において描かれるであろうか。正宗分の終わりに近いところに見える次の一節は、本願の仏者として誕生した阿難の姿を象徴的に表現しているものと思われる。

仏・阿難に告げたまわく、「汝、起ちて更に衣服《えぶく》を整え合掌恭敬《くぎょう》して、無量寿仏を礼したてまつるべし。十方国土の諸仏如来、常に共にかの仏の無着無碍にましますを称揚し讃歎したまう。」ここに阿難起ちて衣服を整え、身を正しくし面を西にして恭敬し合掌して五体を地に投げて、無量寿仏を礼したてまつりて白《もう》して言《もう》さく、「世尊、願わくは、かの仏・安楽国土およびもろもろの菩薩・声聞大衆を見たてまつらん」と。

この語を説き已りて、すなわちの時に無量寿仏、大光明を放ちて普く一切諸仏の世界を照らしたまう。

ここに、新しい人間として起ち上がった阿難、本願の仏者阿難の誕生の姿が窺われる。異訳には、阿難は、五体投地して、阿弥陀仏を礼拝し、同時にその御名を口に称えたと説かれている。すなわち、阿難は、「南無無量清浄平等覚」(『平等覚経』) あるいは「南無阿弥陀三耶《や》三仏檀」(『大阿弥陀経』) と称え、そして再びまさに起ち上がらんとしたところ、阿弥陀仏の大光明によって、浄土とその聖衆《しょうじゅう》を隈なく見せしめられ、ここに、山上に同座する大会《え》衆《しゅう》とともに、感動のなかに仏名を称えた、と説かれている。この称名の大合唱に、劇的なクライマックスの光景が表現される。

いま、『大無量寿経』の表面には、阿難が仏名を称えたとは説かれていない。だが釈尊の説法を聞き、弥陀の大悲に目覚めた阿難が、念仏者として起ち上がったことは、言うまでもないことである。この念仏者として起ち上がった阿難の姿に、私は、『大無量寿経』の結論を見る思いがする。ちなみに阿難《アーナンダ》の別義は、「歓喜・慶喜」である。

第四章　海の論理

――想像力と信仰――

一

『教行信証』には、一貫して流れる二つの鮮明なイメージがある。それは海と光のイメージである。

竊《ひそか》に以《おもん》みれば、難思の弘誓《ぐぜい》は難度《なんど》海《かい》を度する大船《だいせん》、無碍《むげ》の光明は無明の闇《あん》を破する恵日《えにち》なり。

（『教行信証』総序）

この象徴的な冒頭の一節は、海と光の対句によって、著作全体の基調を予示し、明快に滑り出している。親鸞の思想的背景にまったく不案内な者も、この書を読み進むにつれて、海と光が織りなす幽邃な表情にやがて眼を奪われるに違いない。

光。『教行信証』の一読者は、その印象を「光の洪水」と端的に語った。この指摘は決して誇張とは言えまい。もし親鸞の著作の語彙をリスト・アップするなら、光にまつわる言葉はおびただしい数に上るだろう。だがそれは言葉だけの問題なのか。そうではなく、この事実は、親鸞が全存在を懸けて光を捜し求めたことの左証である。親鸞は光に飢えていた、というほかない。逆に言い直せば、親鸞は自身が底知れぬ闇の只中に投げ出されてあることを、異常なまでに鋭く知覚したのであった。

九歳に出家。家庭の幸福には生涯縁が薄かった。彼が目撃したものは、疫病・飢餓・政変などの悲惨な世相であった。また末法到来を如実に告げる念仏弾圧は、法然ともども苦難のどん底に叩き込んだ。しかしながら、外部の情況だけではなかった。何よりも我が身が苦しかった。人間としての様々な欲望、悪性、罪業性などの内奥の現実が鋭敏な意識の表層に止めどなく湧き上がってきた。要するに、親鸞が生存の暗さを肌身に感ずる要因は、あまりに多かったのである。その全著述に汪溢する光は、彼の通ってきた闇の深さを逆説的に証明する。如来、名号、浄土、智慧、慈悲、信心、これらはすべて、親鸞には光明の相であった。この光に親鸞は、照らされ、浄化され、救われたのである。

そして海。人間の血液は、海水と同じ組成を持って海の痕跡をとどめている。遺伝的には、人間は海からの進化を遂げているのである。海は地球の表面積の三分の二を覆い、水産・鉱物資源の無尽蔵の宝庫である。そのなかで生命は栄え、滅び、また栄える。海上の船は、遠距離への移動を容易にし、限りない恩恵を人類に施こしている。

〈海〉というイメージに、親鸞は何としばしば自分の想いを仮託したことか。〈海〉は全述作で百四箇所に用いられ、その種類は三十二種に及ぶといわれる（森龍吉『親鸞随想』）。生死海、群生海、無明海、願海、大信心海、光明海、功徳大宝海、一乗海。そしてこれらの語に付随する無数の縁語。たとえば船、波、河、沈没、流転、など。それはたんなる喩えとか修辞というような生やさしいものではない。何かことのほか切実な感情を〈海〉という実体に懐いていたとしか考えられない。

いったい海は親鸞の内面にどのような影を落していたのか。親鸞は海に何を学んだのか。

もともと東洋には、自然を尊敬し、自然に学ぶという伝統がある。それゆえ〈海〉が譬喩として仏教に取り入れられることも不思議はない。われわれは仏教の歴史に〈海の系譜〉を辿ることも不可能ではないはずである。

比丘たちよ、ガンジス河、ヤムナ河、アチラバテ河、サラブ河、マヒー河などの大きな河は、たとえどんなにその数が多くても、大海に流れ込むや、もとの名ともとの流れを失って、ただひとつの名「大海」になる。それと同じように、比丘たちよ、四つのカースト、バラモン・クシャトリア・ヴァイシャ・スードラは、完全なる者が説かれた法と教えとに随って、家を捨て、出家者になるならば、もとの名前やもとの家柄を失って、「釈迦族の息子を信奉する苦行僧」という、ただひとつの名称をうることになる。

（Hermann Oldenberg *Buddha–his Life, his order, his Doctrine*, Part1, chapter IV）

オルデンベルクの『仏陀』は初期仏典の忠実な引用によって、釈尊の生涯と思想をまとめた、もはや古典となった労作であるが、右の一節では差別を越える仏教の立場が海の譬喩によって明瞭に説き示されている。やがてわかるように、この話法は後世まで継承される。

海の譬喩が大乗仏教以降ステレオタイプ化してきたのは事実である。『涅槃経』獅師吼品《ししくぼん》には海の八不思議が説かれ、『華厳経』十地品《じゅうじぼん》には海の十徳が列挙してある。だが親鸞への直接の影響ということになると、やはり中国浄土教の先駆者曇鸞の解釈を見逃すことはできない。

「海」とは、言ふこころは、仏の一切種智は深広にして涯《はて》無し、二乗雑善《ぞうぜん》の中・下の屍骸を宿さず。之を「海の如し」と喩ふ。是の故に「天人不動の衆は清浄の智海より生ず」と言へり。

（『浄土論註』衆功徳成就）

この言葉は、世親（天親）『浄土論』の「天人不動衆清浄智海生」を解釈した箇所である。この解釈に照らして、親鸞は一乗海論を展開した。この一乗思想と海のイメージの結合は親鸞に重要な意味をもつ。それについてはのちに触れよう。

又「性《しやう》」と言ふは、是れ必然の義、不改《ふがい》の義なり。海の性は一味にして、衆《しゆう》流入《る》る者必ず一味と為《な》り。海の味彼に随ひて改まらざるが如し。

（同　性功徳成就）

親鸞がしばしば披瀝した「海一味」の考え方は、この箇所が原型である。私たちは海一味の思想に関しても同様の注意を払う必要があるだろう。

ところで、日本の仏教者の中で、親鸞と対蹠的な位置にある思想家は道元である。かつて仏教史家の村上専精氏（一八五一～一九二九）は、親鸞を〈海の人〉、道元を〈山の人〉と呼んだという。この呼称は鎌倉仏教両雄の端的な印象をどこか言いあてた感がある。だが村上氏の発想が何を手掛りにしたのか定かではない。道元が崇高・高潔、親鸞が深遠・深刻、ということか。「知者は水を楽しみ、仁者は山を楽しむ。知者は動き、仁者は静なり。知者は楽しみ、仁者は寿ながし」（『論語』雍也）。この孔子の箴言があるいはヒントになっているのかもしれない。しかし〈山の人〉道元にも海のイメージを借りた表現は決して少なくない。

たとへば、船にのりて山なき海中にいでて四方をみるに、ただまろにのみみゆ。さらにことなる相《そう》みゆることなし。

（『正法眼蔵』現成公按）

道元のこの譬喩について、「おそらく、道元が、入宋の時も帰朝の時も、つぶさに経験したであろ

う と思われる、大洋の真只中に置かれた時の展望を手がかりとして説きつくしている」と西尾実氏は推測している（岩波古典文学大系81「解説」）。周知のように、とくに山水経（『正法眼蔵』二九）にあっては山水に事寄せて絶対の真実が語られる。またほかには次のような条《くだ》りが見出される。

このむねをしるものは、従来の生死ながくたえて、この身おはるとき性海にいる。性海に朝宗するとき、諸仏如来のごとく好徳まさにそなはる。（同　弁道話）

道元は、すべての川が海に集まるのを、諸候が天子に拝謁して、帰服の意を示すのに喩え、人間も輪廻が終熄するとき本性の世界に帰すると説いている。海の伝統的な話法はここにも生きている。

親鸞の場合、越後流罪という事件が海に関心を寄せる大きな契機になった――とは、もはや打ち消しがたい通説であるかにみえる。親鸞が五年間の流刑生活を送った国府は、日本海の居多ケ浜に面した海村である。親鸞はこの辺地で自然に密着して逞しく生きる「いなかのひとびと」を知った。越後の野人は『大無量寿経』の〈群萌〉という語が実に似つかわしい民草であったろう。この北越の配所にあって京洛の知識人親鸞は、リアルに現実を直視する眼を養った。そして苦難の生活のなかで、ひたすら魂を磨くことに専念した。その姿には都の月を懐しんで、和歌を詠じた上流人の影はなかった。ときには浜辺に出て、潮焼けした漁夫と談笑したり、千変万化する海の雄大な景観に長い間魅入られることもあった、と考えてよいだろう。中世人親鸞にとっては、海は、現代人にとってより、よほど謎めいた実体であったに違いない。

北国の冬は荒天で、強く北西、シベリアの方角から季節風が雪を混えて吹きまくる。冬の日本海は、時折手のつけられぬ高波を生じる。豪雪はすっぽりと白一色に大地を覆い尽くし、自然の営みを押し潰す。このような毎日を、人々は家に籠り、飢えや厳しい寒さと闘いながら、じっと耐え忍ぶのである。しかし春の訪れとともに、風は凪ぎ、海は平静さを取り戻して、水はどこまでも蒼々と澄み渡る。海の民は、「海河に網をひき釣をして世を渡る」（『歎異抄』）。このような大自然の猛威と優しさに折々身を接した親鸞が、海のイメージを意識の深層に胚胎していったことは、想像にかたくない。だがその期間の親鸞の心境や行実を現在に伝える史料はない。私たちとしては、ただ聖人自らの著述を手引として、海が思想の上にどのような意味を偲ばせているか推し量ることができるだけである。

二

親鸞の眼に映った海の風景は、心のなかにどのようなパノラマを繰り広げたのか。一見したところ、その著述に描かれる〈海〉には、魚が泳いだり、鴎が飛んだりしてはいないようである。ただ眼も眩むほどに明るい海と、タールを流したような暗い海が見えるばかりである。「唯説弥陀本願海　五濁悪時群生海」（「正信偈」）。この対句は親鸞の〈海〉を端的に語っている。この頌に象徴されるのは、光に満ちた〈昼の海〉と漆黒の〈夜の海〉である。無明海、煩悩海、宝海、光明海など、いずれもどちらかのタイプに帰属する。

　然るに無始より已来《このかた》、一切群生海《ぐんじょうかい》、無明海に流転し、諸有輪《うりん》に沈迷し、衆苦輪《しゅうくりん》に繫縛《けばく》せられて、清浄の信楽《しんぎょう》無く、法爾として真実の信楽無し。是を以て、無上功徳、値遇《ちぐう》し難叵《がた》く、最勝の浄信、獲得し難回《がた》し。　　　　（『教行信証』信巻「信楽釈」）

古来、仏教によれば有情界はことごとく迷妄に沈淪していると洞察される。「群生海」「無明海」という語は、仏教のこの根本的な存在把握に由来する。〈海〉は、その場合、迷妄の深さと広さを象徴する適切なイメージである。〝われらはこの漠とした暗い生命の海に漂没して、自我執着の地獄から抜け出せず、人として持つべき真実の心を失っている。だがそれにつけても、如来の真実義を解し真実の心をわが身に体得することは、何と困難なことであろうか〟。このような悲歎の声を右の一節に聞きとることができる。

輪廻と海のこのような連想は、「十方六道、同じく此れ輪廻して際無し、循循として愛波に沈んで、苦海に沈む」（『法事讃』）という善導の言葉からも察することができるが、この連想の起源はよほど古くまで溯るのではないか。親鸞の場合、この現実把握の背景には、紛れもなく末法動乱の世相が見える。

菩提をうまじきひとはみな　専修念仏にあだをなす
頓教毀《とんぎょうき》滅《めつ》のしるしには　生死の大海きはもなし
（『正像末和讃』）

親鸞にとって、苦とは決して観念ではなく、存在の深奥から湧き上がる実感であった。菩提心を求め、教法を実践すべき人々が、念仏弾圧の非道に狂奔するという顛倒の世相である。「具縛の凡愚・屠沽《とこ》の下類」（『唯信鈔文意』）とは、悪世の業報に喘ぐ、人間の赤裸々な姿である。無明長夜のほとりなき苦海。この悲調の韻律は、通奏低音として、親鸞の語る言葉の隅々にまで重苦しく流れている。

誠に知んぬ、悲しき哉、愚禿鸞、愛欲の広海に沈没し、名利の太山《たいせん》に迷惑して、定聚《じょうじゅ》の数に入ることを喜ばず、真証の証に近づくことを快《たのし》まざることを、恥ず可《べ》し、傷む可し矣。

（『教行信証』信巻「愚禿悲歎述懐」）

私たちはこの親鸞の告白を解釈する必要はない。この「愚禿悲歎述懐」は、人口に膾炙されているが、空虚な説明を要しない、叫びを感じさせる言葉である。

ところが他方から見れば、この生死海こそ如来の慈悲と智慧が本来的に働らく場である。〝生死海の現実を離れて如来の回向が顕現する世界はない〟。これは親鸞の確信である。

仏意測り難し。然りと雖も竊《ひそか》に斯の心を推するに、一切の群生海、無始より已来《このかた》、乃至今日・今時に至るまで、穢悪汚染《わぜん》にして清浄の心無く、虚仮諂偽《てんぎ》にして真実の心無し。是を以って、如来、一切苦悩の衆生海を悲憫して、不可思議兆載永劫《ようごう》に於て、菩薩の行を行じたまひし時、三業の所修、一念・一刹那も清浄ならざる無く、真心ならざる無し。如来、清浄の真心を以て、円融・無碍・不可思議・不可称・不可説の至徳を成就したまへり。如来の至心を以て、諸有の一切煩悩・悪業・邪智の群生海に廻施したまへり。則ち是れ利他の真心を彰《あらは》すが故に、疑蓋《ぎがい》雑《まじは》ること無し。斯の至心は則ち是れ至徳の尊号を其の体と為せるなり。（『教行信証』信巻「三心別相釈」仏意釈）

群生海とは、苦悩・悪業・邪智が満ち満ちた、いわば、無始以来の煩悩によって汚染された海である。この海はよどんで悪臭を発散している。だが右の仏意釈によると、生死海にこそ如来はその慈悲にあふれた姿を現わすのだ、と明言される。法蔵菩薩の不可思議兆載永劫にわたる修行とは、如来の〈至心〉が――また〈信楽〉〈欲生〉が――衆生に廻施されて、永遠に有情煩悩海を洗い清めていくという働きである。その情景は、清冽な湧き水が絶え間なく底から噴き出して、濁り水を透明に澄ませてゆく水のドラマを連想させる。

不思議なことに、如来（菩薩）の故郷もまた海に帰せられている。海から誕生した如来。それは泡だつ海底から湧き上がった海神《わだつみ》、アフロディテやヴァルナの幻想を彷彿とさせるではないか。前述したように、『浄土論』には「天人不動の衆は清浄の智海より生ず」という頌がある。恐らく親鸞の「大心海より化《け》してこそ、善導和尚とおはしけれ……」という和讃は、この措辞法を継承したものであろう。のみならず法蔵菩薩の故郷もまた〈海〉であると親鸞は説くのである。

この一如宝海より形をあらはして法蔵菩薩となのりたまひて、無碍の誓をおこし給ふをたねとして阿弥陀仏となりたまふが故に「報身《ほうじん》如来」と申すなり、これを「尽十方無碍光仏」と名けたてまつれるなり。この如来を「南無不可思議光仏」とも申すなり。この如来を「方便法身」とは申すなり。「方便」と申すは、形をあらはし、御名を示して衆生に知らしめんとなり。

（『一念多念文意』）

「一如宝海」も「群生海」も、両者ともに〈海〉である。だがこの二つの〈海〉を切り離して考えてしまうのは、大乗仏教の根本義に反する。煩悩即菩提の自覚に照らせば、「群生海」即「一如宝海」でなければならぬ。「凡夫の迷いと仏の悟りの両極の世界を同じく海に譬えているのは、仏の本願海が迷いの無明海とは別の所にあるのではなく、迷いの無明海にこそ大慈大悲の本願海が感得せられるのである」（揖由美子「三願転入について」『親鸞教学』28号）。

〈宝海〉という語は、親鸞の著作中にしばしば見受けられる。こころみに『教行信証』行巻から引用してみよう。冒頭に真実行を名づけて「極促《ごくそく》円満す、真如一実の功徳宝海なり、故に大行と名づく」とあり、不回向行を「大小の聖人・重軽の悪人、皆同じく斉《ひと》しく選択《せんじゃく》の宝海に帰して、念仏成仏す応《べ》し」と釈している。さらに「正信偈」には「功徳の大宝海に帰入すれば、必らず大会《だいえ》衆《しゅう》の数に入ることを獲《う》」と述べられている。

いったい〈宝海〉という語は、典拠はどこにあるのだろうか。〈宝海〉は、恐らく様々な仏典のなかに見出すことができるであろう。だが親鸞の場合には、やはり『浄土論』の一節、「観仏本願力遇無空過者　能令速満足　功徳大宝海」に淵源しているに違いない。この詞章は、世親が「不虚《ふこ》作住《さ》持功徳」と名づけ、これを曇鸞が重視して以来、浄土教の諸師によって注意されてきた箇所である。親鸞もまた「不虚作住持功徳」の意義について、『尊号真像銘文』や『一念多念文意』で解説しているが、そのほか、たとえば次の和讃が想い起こされるであろう。

本願力にあひぬれば　　むなしくすぐるひとぞなき
功徳の宝海みちみちて　　煩悩の濁水へだてなし
（『高僧和讃』）

この一首では、「功徳の宝海」と「煩悩の濁水」が照応し、本願力が働いて〈濁水〉が〈宝海〉に転ぜられると詠われている。この本願力の廻転の働きについては、熟慮しなければならない重要な事柄が含まれている。したがって以下にわずかながらも問題点を拾ってみよう。

三

承知のごとく、晩年の親鸞は「自然法爾《じねんほうに》」という語を重用した。そのことから聖人の信仰の最後の帰着点は自然法爾である、としばしばみなされてきた。それではこの自然法爾は〈海〉の思想とどのような類縁関係にあるのだろうか。

〈自然〉の思想が顕著なのは『大無量寿経』である。康僧鎧《こうそうがい》の翻訳と伝えられる漢訳『大無量寿経』には、自然という語は、実に五十数回も見出される。この〈自然〉を検討するとき、〈海〉と対照して誰しも気がつくことがある。それは両者の意味幅がほとんど同じということである。しかし中国の思想的伝統からすれば、〈自然〉は、〈海〉という語にはない広がりと深さがあるといえよう。ともあれ、この両者に共通するのは、明と暗の二面があるという点である。〈自然〉の含む内容は、『大無量寿経』の用語法に照らすと、三つの性格、(1)無為自然、(2)願力自然、(3)業道自然——があるとされる。これは真宗学の伝統的な区分法であるが、この方軌に従えば、無為自然は明の側面を、業道自然は暗の側面を代表することになる。

私が注目したいのは、明暗二極の乖離を架橋する力用《りきゆう》的な働き、願力自然である。親鸞の自然法爾説を構成する中心原理は、この願力自然である。

「自然」といふは、「自」は「おのづから」といふ。行者の計《はからひ》にあらず。「然」といふは「しからしむ」といふことばなり。「しからしむ」といふは、行者の計《はからひ》にあらず。如来の誓にてあるが故に「法爾」といふ。「法爾」といふは、この如来の御誓なるが故に然らしむるを「法爾」といふなり。（『末灯鈔』）

この一節からも明らかなように、親鸞の〈自然〉の解釈でもっともユニークな点は、「然」を「しからしむ」と読解して、『大無量寿経』の〈自然〉が、形容詞や名詞だけでなく、動詞の機能も含んでいる、と見抜いたことにある。親鸞にとって、阿弥陀仏の回向の働きは、自然に内在する道理とは別な〝何か〟ではなかった。この自然の「しからしむ」働きこそ、本来的には、「転成《てんじょう》」「転入」の論理と同じ軌にあり、ときに海のイメージを介して表現されるのである。

「転ず」といふは、罪を消し失はずして善になすなり。よろづの水大海に入りぬれば、即ち潮となるが如し。弥陀の願力を信ずるが故に、如来の功徳を得しむるが故に「しからしむ」といふ。始めて功徳を得んと計らはざれば「自然」といふなり。（『唯信鈔文意』）

海の自然原理で重要なひとつは、その自浄作用である。海洋は世界最大の、そして最も効率的な浄化槽である。海水はあらゆる有機物を溶解し、分解し、同化し、吸収する。その海洋生態系の自然作用の過程には、様々な微生物の活動が付随する。海は天然のフィルターとしての機能を有しているのである。

「転成」の論理は、この海の自然原理と無縁ではない。それは海の自然原理の素朴な古典的な解釈であるとも考えられる。「悪を転じて徳を成す」（『教行信証』総序）如来の本願力は、そのまま廃棄物を浄化・再生する海の循環システムと二重写しになってくる。このパターンを代表する他の例として、たとえば『正像末和讃』の「弥陀智願の広海に、凡夫善悪の心水も、帰入しぬればすなはちに、大悲心とぞ転ずなる」が挙げられるであろう。「転成」の論理は、小乗仏教の〈死の思想〉から大乗仏教の〈生の思想〉への一大転回を可能にした決定的な論理である。なかんずく一乗思想は、その論理の中核を成した思想として、大乗思想史を振り返るとき、看過してはならぬ重要性を荷っている。

「一乗海」と言ふは「一乗」は大乗なり、大乗は仏乗なり、一乗を得る者は阿耨多羅三藐三菩提《あのくたらさんみゃくさんぼだい》を得るなり。阿耨菩提とは即ち是れ涅槃界なり、涅槃界は即ち是れ究竟《くきょう》法身なり、究竟法身を得る者は即ち一乗を究竟するなり、異なる如来無《ましま》ず。異なる法身無ず。如来は即ち法身なり。一乗を究竟する者は即ち是れ無辺不断なり。大乗は二乗・三乗有ること無し。二乗・三乗は一乗に入らしめんとなり。一乗は即ち第一義乗なり。唯是れ誓願一仏乗なり。

（『教行信証』行巻「一乗海釈」）

一乗海釈を展開するにあたり、それに先立って、親鸞は『涅槃経』の四文と『華厳経』の一文とを引用している。この事実は、親鸞の一乗思想が表立っては涅槃・華厳の伝統を承けていることを示すものである。親鸞が一乗思想に触れるきっかけとなったのは、二十九歳まで修学した叡山時代である、と考えて差し支えあるまい。しかし『教行信証』で親鸞が明らかにしようと願ったのは、〈聖道の一乗〉ではなく〈浄土の一乗〉である。「一乗究竟之極説」「真如一実功徳宝海」「一乗真実之利益」。いずれも『教行信証』の自釈に見える言葉であるが、親鸞にとって一乗思想がどれほど重い意味をもっていたか察せられるであろう。一乗海釈は、いま「誓願一仏乗」をもって結ばれているが、本願円頓一乗こそ親鸞の思想が到達した大乗論の頂上である。そして次に示された海釈は、その大乗論を具体的に論証している。

「海」といふは、久遠より已来、凡聖所修の雑修《ざつしゅう》、雑善《ぞうぜん》の川水《せんすい》を転じ、逆謗闡提《ぎゃくほうせんだい》・恒沙《ごうじゃ》無明の海水を転じて、本願大悲智慧真実・恒沙万徳の大宝海水と為す。之を「海の如し」と喩ふるなり。良《まこと》に知んぬ。『経』に説きて「煩悩の氷解けて功徳の水と成る」と言ふが如し。「願海」とは、二乗雑善の中・下の屍骸を宿さず。何に況んや、人天の虚仮・邪偽の善業・雑毒雑心の屍骸を宿さん乎《や》。

（『教行信証』行巻「海釈」）

一乗思想を海のイメージで解釈すること、それは親鸞の独創ではない。というのは「我・菩薩蔵・頓教・一乗海に依る」（『観経玄義分』）という善導の信仰告白があり、親鸞がその箇所を引用しているからである。親鸞の一乗海の思想は、一乗釈は華厳・涅槃の教学を承け、海釈は『浄土論註』衆功徳成就（前掲）を参照しつつも、もっとも根源的には善導の信仰的立場に拠るものであろう。人間の無始以来の罪業性は、一乗海に帰することによって、すべてが善業に転ぜられるという。小論の初めに、オルデンベルクの『仏陀』を引いて、海の思想について初期仏典（正確には仏典とは言えないが）の一例を紹介したが、海の古典的な考え方は、仏道の歴史に錬磨されて、善導を径て、一乗海の思想に結実したことが了解される。

この一乗海の思想を親鸞はさらに敷衍して、念仏門の位置を一層鮮明にしている。それが次に示された「二行四十八対」の判釈である。ここでは仏教は大きく念仏と諸善という二つの思想系列——難易対・頓漸《とんぜん》対・横超対など四十八——に分類されている。小論でこれについて考察するスペースはないが、親鸞がこの判釈で採った二分法（dichotomy）は、たんに両者の立場を争うといった態のものではなかろう。むしろ対立的な立場を止揚したところに開かれるのが「円融、満足、極促、無碍、絶対不二之教」すなわち〈本願一乗海〉ではないだろうか。

「二行四十八対」と並んで、親鸞は、人間存在（機）についても、二つの価値系列――正邪対・是非対など十一――に類別している。この「二機十一対」の判釈は、最後に「然るに一乗海の機を按ずるに、絶対不二之機なり」と結ばれているが、私たちはこの明快な親鸞の断定に、彼独得の弁証法的な思想の流儀を見出すことができる。かくして、すべての対立を和解する一乗海は、最大の讃辞を献げられるのである。

敬うて一切往生人等に白《もう》さく、弘誓一乗海は、無碍・無辺・最勝・深妙・不可説・不可称・不可思議の至徳を成就したまへり。（『教行信証』行巻「一乗海嘆釈」）

一乗海の思想は、人間を相対差別という人為の世界から解放し、在家出家・男女貴賤の差別なく平等に涅槃の世界に誘引するという、画期的な理論である。周知のごとく、東洋思想史のうえでは、「一者」「渾頓」を説いた荘子の万物斉同の立場がすでにある。一乗海の思想は、ある面において、あらゆる差別を否定した荘子の思想に相通ずるものがある。ただ一乗海の思想がアナーキーな肯定思想でないことは注意しなければならない。金子大栄師は、一乗海の思想を「万善同帰の一乗」と銘打っておられるが、この親鸞の見解には極めてラディカルな人間思想がある。

ところで、一乗海の思想と同時に、私たちが看過してはならないのは「海一味」の思想である。あらゆる河川は、海に流入すると、個別的な水の味を失って同一の塩水に転ずる。海一味という語は、この自然の作用を示すものである。親鸞は「正信偈」に「凡聖逆謗斉廻入　如衆水入海一味」と述べ、

『正像末和讃』に「名号不思議の海水は、逆謗の屍骸もとどまらず、衆悪の万川《ばんせん》帰しぬれば、功徳のうしほに一味なり」と詠んでいる。この説が仏教の伝統的話法（とくに『浄土論註』性功徳成就）に負うものであることは言うまでもないが、結局海一味の思想に親鸞の一乗海論も納まることは確かであろう。海一味の真実に学んだ仏教の伝統的な方法には、大袈裟な言い方かもしれないが、一種の〈生態学的思考〉すら窺われる。

信仰とは、畢竟論理の問題ではない。信仰は挙体的な事実である。生の事実に裏打ちされない信仰は、やはり力のないもの、生きる支えとならぬもの、と言わなければならない。親鸞の苦難に満ちた信仰の歩みは、親鸞自らによって、〈三願転入〉と述懐されている。すなわち、親鸞の精神遍歴（histoire de l'âme）は、『大無量寿経』の第十九願（双樹林下往生・邪定聚の機）に出発して、次に第二十願（難思往生・不定聚の機）を通過し、最後に第十八願（難思議往生・正定聚の機）に辿り着いた。

この〈三願転入〉を親鸞は「転㆓入選択願海㆒」と表現している。それは紛れもなく海のイメージである！　私たちはこのイメージをもう少しふくらませてみることもできよう。たとえば、第十九願の岸辺から出帆した船が、第二十願の難所を突破して、最後に第十八願の入江に帰着した、というように。親鸞にとって、魂の航海は決して順風満帆というわけではなかった。とくに第二十願から第十八願への転入は辛酸を極めた。

第十九願から第二十願への進路は、諸善万行から称名念仏への方向である。この魂の船出には回心という重大事件が出発点にあるが、この旅立を大きく動機づけるのは、「理深くして解微《げみ》なる」（『安楽集』）といわれるような末世の自覚であろう。しかし専修念仏への帰依は、末法という外在的な動機に基づくかぎり、自我肯定の根元を断ち切ることがむずかしい。結局この航海は逃避行に終わるかもしれないのである。

宗教的精神の自発性は、第二十願から第十八願の針路へと大胆な旋回をとげる。それは〈光明の海〉へと目差す航海であり、途中には烈しい倫理的葛藤が津波となって押し寄せてくる。魂は闇の奥深く吸い込まれてゆく。海は狂暴な姿を見せ始める。メフィストフェレスのように洪笑する風は、魂を一瞬のうちに海面に叩きつけようと企らむ。

悲しい哉、垢障《くしょう》の凡愚、無際従《より》已来、助・正間雑《けんぞう》し、定散心《じょうさんしん》雑するが故に、出離其の期《ご》無し。自ら流転輪廻を度《はか》るに、微塵劫を超過すれども、仏願力に帰し叵《がた》く、大信海に入り叵し、良《まこと》に傷《しょう》嗟《しゃ》す可《べ》し、深く悲歎す可し。　（『教行信証』化身土巻）

底無しの自我執着と罪障性に、親鸞は慄然としている。この懺悔は感傷的な告白ではない。現場からの歴史的な証言である。魂は難破して最悪の危機に見舞われる。だが内的葛藤の嵐に身も心も苛まれながら、いつしか親鸞は二十願の難所を切り抜け、十八願の難思議往生を成し遂げる。闇は徐々に消えて、陽がかすかに射し始める。船は、快《こころよ》い潮鳴りを聞きながら、西に帆走し続ける。第十八願の〈光る入江〉への転入は、親鸞が感動を込めて述懐するところによれば、「不果遂者」の弥陀の誓願が追い風になっている。

然るに今特に方便の真門を出でて、選択《せんじゃく》の願海に転入し、速《すみやか》に難思《なんし》往生の心を離れて難思議往生を遂げんと欲す。果遂《かすい》の誓《ちかい》、良《まこと》に由《ゆえ》有る哉。

爰《ここ》に久しく願海に入りて、深く仏恩を知れり。至徳を報謝せんが為に、真宗の簡要を摭《ひろ》うて、恆《つ》常《ね》に不可思議の徳海を称念す。弥《いよいよ》斯《これ》を喜愛し、特に斯を頂戴するなり。（同）

親鸞の生涯をかけた求道の大団円がここにある。世界は嘘のように晴れ上がり、海原は、慈悲と優しさをたたえて、彼岸《パラミータ》へと導く海路になる。

セバンティアン　まさに奇蹟だ！

ファーディナンド　海はおどかしはするけれど、情け深い。私は今まで理由もないのに、海を呪っておりました。

（『ザ・テンペスト』五幕）

親鸞の〈三願転入〉を海と船のイメージで解釈することは、あるいは常軌逸脱とみなされるかもしれない。だが古来魂のゆくえを水に浮かぶ船に喩えて具象化するという方法は、珍らしいことではない。民俗学の視点から見れば、いくつものケースが指摘されるであろう。たとえば日本人は盆に供物や飾りをのせて川や海に精霊船を流す。この風習は魂と船の伝統的な親近性を暗示するものではないだろうか。あるいは大洪水からノアとその家族を救った函船は象徴として考えられないだろうか。

船は仏教においてしばしば譬喩として用いられてきた。彼岸に渡る船のイメージが形成されたのは、とくに大乗つまり〈大きな乗物〉という思想が出現してからであろう。「陸道の歩行《ぶぎょう》は則ち苦しく、水道の乗船は則ち楽しきが如し」「彼の八道の船に乗じ、能《よ》く難度の海を度す、自ら度し亦彼を度せん」（『十住毘婆沙論』易行品《ぼん》）と龍樹は教示している。この系譜を承け、親鸞も漠海に浮ぶ船のイメージを胸に懐いた人であった。親鸞には弥陀の誓願は「難度海を度する大船」（『教行信証』総序）と映った。この〈おほきなる船〉のイメージこそ、親鸞の他力の心境をもっとも的確に表現していると考えられる。

弥陀の願力は生死大海のおほきなるふね・いかだなり、極悪深重の身なりとも歎くべからずとのたまへるなり。（『尊号真像銘文』）

ほかにも親鸞の著作の中で、船に関する譬喩は少なくない。「横はよこさまにといふなり、超はこえてといふなり、これは仏の大願業力の船に乗じぬれば、生死の大海をよこさまに超えて、真実報土の岸につくなり」（『一念多念文意』）。あるいは「弥陀観音大勢至、大願のふねに乗じてぞ、生死の海に浮みつつ、有情をよばふてのせたまふ」（「正像末和讃」）など。

四辺を海に包囲された日本人にとって、船は格別親しいものである。日本へ異国の文化——民族学的の意味で、経済・政治・宗教・芸術・言語など——を運んできたものは、言うまでもなく船であった。国内のいろいろな交流にもまた船が大きな役割を演じてきた。越後から東国へと旅立った親鸞は、東国で船に乗って巡教したと伝えられる。たとえば真宗に坂東曲《ぶし》という独得な声明《しょうみょう》法がある。その声明は身体を前後左右に揺り動かしながら唱うのだが、その由来は親鸞（一説には蓮如）が関東を巡教したおり、一日船中で過ごし、暴風のなかで船中の人々と称名念仏した故事にならったものだ、といわれる。親鸞における船のイメージは、もしかすると、このような経験に醸成されたのかもしれない。

四

親鸞にとって、海とは一体何であったろうか。以上を見ても明らかなように、海は譬喩や仮構にとどまるものではない。何かしら圧倒的な力を親鸞の内面に行使した実体である。海は想像力の源泉であり、親鸞が自ら到達した真実を開示するために、必要欠くべからざるシンボルだったのであろう。いやかえって、海の象徴化を通して、真実に至る途を発見したと考えられないこともない。海と信仰。両者は、互いに媒介し合い浸透し合いながら、それ自身が浄土世界のリアリティを顕現している。

爾《しか》れば、大悲の願船に乗じて、光明の広海に浮びぬれば、至徳の風静かに、衆禍《しゅうか》の波転ず。即ち無明の闇を破し、速《すみやか》に無量光明土に到りて、大般涅槃《だいはつねはん》を証す、普賢《ふげん》の徳にしたがふなり。知る可《べ》し、と。

（『教行信証』行巻「行一念釈総結」）

この詩趣に富んだ一節は、信仰的世界と海の光景がオーヴァーラップして、本願の論理を美事に視覚化している。「大悲の願船」「光明の広海」「至徳の風」「衆禍の波」は、たんなる例でもなければ、また譬喩でもない。それがそのまま親鸞の自覚のぎりぎりであり、普遍の真実であり、絶対の真理である。もし二つの文脈を切り離して、この内容を文章化しようとすれば、そのセンテンスは恐ろしく冗慢なかつ緊張感を欠いたものになってしまうだろう。

あるイメージを直接に文脈に導入して、ひとつの事柄を一層具体的に明瞭に表現しようとする文章技法。それは「隠喩」(metaphor) である。メタファーは、一般に言葉を飾るための技巧だと考えられがちであるが、そうではない。むしろ私たちが事実や真実を認識するためにどうしても必要な手順である。メタファーの語源、ギリシア語のmetaphoraは、「越えて」(meta)「運ぶ」(pherein)を意味する。親鸞の言語世界は、時折メタファーが有効に機能している。それは道元ほど磨かれてはいないが、和讃や感動的な表現に顔を出すことが多い。とりわけ〈海〉がメタファーとしての重要な機能を担っていることは、いままで見てきたとおりである。そのほか擬人法などの「換喩」(metonymy)なども用いられる。また古典から引用する「寓喩」(parable)——二河白道の喩や伊蘭林《いらんりん》の喩など——は、とくに大きな役割を果たしている。「……の如し」というような「直喩」(simile)も見逃すことはできない。要するに、親鸞の言葉の世界は、豊饒なイメージの海なのである。現代人が親鸞を理解するためには、彼の内面のイメージを正確に把握し、それを現代のイメージに翻訳するという作業が必要ではないだろうか。

第五章　夢告と回心
――親鸞の夢体験――

親鸞の生涯を眺めると、夢が大切な意味をもっていたことがわかる。すなわち親鸞は、その若き日から晩年に至るまでのあいだに、人生の重大な場面で、夢を見ることによってしばしば魂の行路を指示されてきたのである。ただその夢の内容については、自らほとんど何も記していない。その点で、毎晩のように自分が見た夢について克明に書き記した同時代の明恵の場合とは異なっている。しかし親鸞の信仰の深化の過程で夢が大きな役割を果たすことがあったことは紛れもない事実である。

とりわけ親鸞が見た夢の中で、建仁元年（一二〇一）の六角堂における聖徳太子の夢告は、その生涯を画する転機となるものであった。二十九歳の親鸞は、それまで二十年を過ごした比叡山を去って、法然の念仏の教えに帰する。

山を出て六角堂に百日籠らせ給て、後世を祈らせ給けるに、九十五日の暁《あかつき》、聖徳太子の文を結びて、示現にあづからせ給て候ければ、やがてその暁出でさせ給て、後世の助からんずる縁にあひまゐらせんとたづねまゐらせて、法然上人にあひまゐらせて……。（『恵信尼消息』第三通）

これによって明らかなように、比叡山の修行を放棄した親鸞は、洛中の六角堂頂法寺に参籠し、聖徳太子の夢告を得て、法然の念仏門に帰したのである。

一　堂《インキュベーション》の籠り

参籠という行動は、宗教現象としては、人類共通にみられるものである。あたかも私たちが誕生する以前に母の胎内で過ごす一時期が必要なように、人間の魂の再生のためにも暗闇の中で過ごす時間が必要である。参籠は、霊窟への籠りによって魂の蘇生を祈る儀礼である。古代や中世の人々は、自らの魂の危機に直面したとき、その解決を求めて、寺院に参籠し、精神の集中の時間を経て、一つの神的なイメージの現前を求めた。その行動は、しばしばインキュベーション（incubation）の名で呼ばれる。一般に、インキュベーションとは、卵が鳥にかえるまでの孵化期だとか、冬に埋もれた種が春になって芽を出すまでの潜伏期間をさすが、参籠もまたインキュベーションの儀礼である。

平安時代の物語などを読むと、後宮の女房たちが、暇をもらって里に下り、また物詣でなどをしたことが知られる。清水寺、長谷寺、石山寺、太秦寺、雲林院、鞍馬寺、清涼寺などは彼女らのよく参詣し、あるいは参籠した寺である。(1)『枕草子』の「さわがしきもの」の段に「十八日、清水寺にこもりあひたる」とあり、寺は参籠の人でかなり賑わったようである。人々は、人生の重大な決定に直面したとき、これらの聖所に籠って祈念したのである。

観音験《しるし》を見する寺

清水石山、長谷のお山

粉河《こがは》近江なる彦根山
ま近く見ゆるは六角堂
（『梁塵秘抄』）

この俗謡が伝えてくれるように、親鸞が参籠した六角堂も、当時しばしば参籠の対象として選ばれたお籠り堂の一つであった。人々は、この堂に籠り、夢に現われる救世観音の験によって、苦悩する魂を癒された。

六角堂は、聖徳太子との因縁の深い寺である。この堂に籠った親鸞は、これが聖徳太子の創建であると信じ、『皇太子聖徳奉讃』の一首に「六角の精舎つくりてぞ、閻浮檀金三寸の、救世観音大菩薩、安置せしめたまひけり」と和讃した。親鸞の精神世界において太子の存在は大きな影を落としている。親鸞は、魂の危機に面したとき、夢の回路を経てその姿を現わす聖徳太子にしばしばいのちの行路を指示された。平常時、意識の深奥に眠っている太子は、親鸞が人生の重大な岐路にさしかかったとき、沈黙を破り、厳かにその進むべき針路を告げる。この時期、日本に太子信仰が高揚していたことは事実であるが、親鸞が後年創作した二百首もの聖徳太子和讃の内容を見れば、たんなる崇拝以上の実質がそこにあったのがわかる。この夢告の太子は、親鸞が「和国の教主」と呼んで尊敬したあの史実の太子とならぶ、もう一つの太子像である。

古代や中世における寺院への参籠は、夢と密接にかかわっていた。古代や中世の人々にとって夢はたんなる夢ではなかった。夢はある場合には、聖なる世界からの音信として、ダイモーンとしての意味をもっていた。古代ギリシア人は、夢による病気の治癒を祈って、医神アスクレーピオスの神殿へ参籠した。とくに医術が効を奏さなかったり、医術では治る見込みがないとされた場合、人々はアス

クレーピオスを訪れた。(2)

人生にゆきあぐねた者にとって、夢はしばしば一条の光となって、本人の生の前方を照らす。親鸞は危機に遭遇したときに、無意識の世界に降りていくことによって、一種の神託夢（oracle dream）を受けることがあった。それが夢告であった。

『恵信尼消息』第三通に、あるとき恵信が自分の見た夢について告白したところ、夫の親鸞が「夢には品別《しなわい》あまたある中に、これぞ実夢にてある」と答えたということが回想して記されている。親鸞が、夢を実夢とそうでない虚夢とに分けて考えていたことが知られる。親鸞は、ある夢が実夢としての聖性をもっていることを信じ、その聖なる夢を解釈することによって、自らの人生の行路を尋ねた。そのことを典型的に示すのが、この六角堂における夢告である。

二　青年期の危機

親鸞を六角堂参籠へと促したもの、それは深い魂の危機感である。先述の消息の中で恵信尼は、親鸞が「後世を祈らせ給」うたと記している。後世を祈るという言葉に、若き日の親鸞が自己の未来生についてよほどの危機感を抱いていたことが窺われる。

さまざまな伝承は、親鸞が早くから強い生の危機感をもっていたことを伝えている。江戸時代の高田専修寺派の僧、五天良空によれば、親鸞は、建久二年、十九歳のときに河内磯長《しなが》の聖徳太子廟に参籠し、第二夜の深更に、夢のごとく、幻のごとく、聖徳太子が廟内から現われ、光明赫然と照らすな

か、

我三尊化塵沙界　日域大乗相応地
諦聴諦聴我教令　汝命根応十余歳
命終速入清浄土　善信善信真菩薩

（『親鸞聖人高田正統伝』）

と告命したという。この六句のどの句にスポットを当てるかは考えねばならぬが、親鸞が汝の命根はあと十余年で尽きるという寿命予告を受けたことは、やはり無視できない。

ではなぜ若き親鸞にとって、その夢告が問題となったのであろうか。ただ自己の死を予言されたということだけでは、危機感は漠然としたものに留まるであろう。その予告が自己に鋭く突き刺さった原因——私はそこに仏道修行の根基となる菩提心との乖離、その菩提心を阻害するものとしての煩悩の問題をみたいと思う。比叡山上の親鸞の行実は、ほとんど不明であるが、『恵信尼消息』によって、その地位が常行三昧堂の堂僧であったことが明らかになった。常行三昧は、堂の中を行道することによって観仏体験を期する修行であるが、この行を阻む最大の障害は、煩悩、とりわけ婬欲である。それゆえ性は禁忌《タブー》とされる。

婬欲は梵天に生ずることを障《さ》う、いかにいわんや菩提をや。梵天に生ぜんがためにはすべからく婬欲を断ずべし。

（『摩訶止観』巻第三）

天台宗の第三祖智顗《ちぎ》（五三八～五九七）はこのように説いている。常行三昧堂で、止観に没入した親鸞は、炎となって燃えあがる煩悩と闘いながら、その煩悩の最深のところに潜む婬欲の問題について考え続けた。やがて親鸞の胸に偲ばれてきたのは、在家の愛欲生活のなかに菩提を求めた聖徳太子の遺風であったろう。奈良時代末期以来、太子は、智顗の師父である慧思禅師の再来であると広く信じられていた。親鸞の聖徳太子への思慕も、このような精神的伝統に連なっている。

　聖道門は断惑証理の道である。比叡山は、その聖道門の霊場であった。そのためこの山には結界がひかれ、修行を妨げる者とりわけ女性の入山は拒否された。しかしそこには大乗仏教を名告りながら大乗仏教の精神を否定するという矛盾もかかえていたのである。

『親鸞聖人正明伝』は、親鸞二十六歳の出来事として次のエピソードを伝えている。建久九年の正月、祝ごとのために京都の街へ下りた親鸞は、用を終えて、叡山への帰路についた。その折、赤山明神の神籬《みずがき》のかげから、一人の品のいい女性が現われて、「比叡山に参詣したいのですが、初めてのことなので、ご案内ください」と頼んだ。そこで親鸞は、「法華経によれば、女性は、垢穢《くえ》のもので、仏法の器にあらずとされております。それゆえに開山の伝教大師最澄は、山の神聖を保つために、ここを結界の地とされたのです」と述べ、山への案内を拒んだ。これに対してその女性は、涙にかきくれて「何と情けないことをいわれるのでしょう。伝教大師ほどの方がどうして一切衆生悉有仏性の経文を知らないのでしょうか」と述べた。この女性の反論に親鸞は愕然とし、やがて千日後、六角堂で夢告をえたという。このエピソードは、史実としての裏づけがないが、若き親鸞が、自らが煩悩具足の凡夫であることを悲痛するとともに、性の禁忌という聖道門の思想に直面し、強い危機意識を抱いたことを伝える物語として興味ぶかい。このような体験があればこそ、性の禁忌から解放されて、「日域大乗相応地」と宣言した聖徳太子が、末法の日本における大乗仏教の開顕者として、象徴的な意味をもって親鸞の意識の底に焼きつけられたのではないだろうか。

また良空によれば、親鸞は、二十八歳のときに比叡山の無動寺大乗院に籠り、三十七日の結願の前夜、室内に異香が満ちて、如意輪観音が影現し、

善哉善哉汝願将満足　善哉善哉我願亦満足

（『親鸞聖人高田正統伝』）

と和訓に唱えて霊示し、忽然として隠れたと伝える。良空は、親鸞がこの由縁によって翌年に六角堂に参籠したのであるとする。

磯長および大乗院の夢告を記した『親鸞聖人正明伝』および『親鸞聖人高田正統伝』は、開版された当初より他派の宗学者たちから、そこに記載された事柄が史実でないとして様々な批判の的になったのであるが、近年になって歴史学者の古田武彦氏は、この二つの夢告を取り上げ、その真実性について、いくつかの観点から実証を試みた(3)。私は、この注目すべき古田氏の論証を立ち入って評論する用意はないが、この二つの夢告は、おそらく、親鸞在世の頃の門弟であった真仏以来、高田専修寺に伝承されてきた文書に基づくものであって、たんなる後代のフィクションとして一蹴するのは適切ではないと思う。この二つの夢告は、若き日の親鸞の危機意識の所在とその帰趨を私たちに確かに伝えているのではなかろうか。

三　夢の象徴

先に引用したように、恵信尼は、「聖徳太子の文を結びて、示現にあづからせ給て候ければ」と記している。この一節をみると、親鸞の参籠は、当時のルールに則って行われたようである。池田亀鑑

氏によれば、寺に参籠する者は、まず法師に依頼して、仏前に屏風を立ててくぎり、礼拝・誦経する場所すなわち「局」を予約し、そこで灯《あかし》とともに、願いごとを書いた願文、つまり灯文《あかしぶみ》を奉るのが例であったという。[4] 親鸞が参籠のときに六角堂で結んだ「聖徳太子の文」も願文であった。

この「聖徳太子の文」はどのような願文であったのか。これについては、親鸞が十九歳に体験したとされるあの「磯長《しなが》の夢告」あるいは弥陀の本願を示す何らかの文、等々の諸説が出されている。なかでも名畑崇氏は、鎌倉初期に在世した金胎房覚禅の撰述になる『覚禅鈔』の中の一節が『親鸞伝絵』記載の「四句偈文」に酷似していることから、この文を「聖徳太子の文」として結び、やがて「四句偈文」を告命されたのであろうとする示唆に富む見解を提出している。[5]

つぎに「示現」はいかなる内容であったかという問題がある。恵信尼は、その消息の第三通に、「この文ぞ、……九十五日の暁の御示現の文なり。ごらん候へとて、書きしるして参らせ候」と、この文を同封した旨を付記しているが、その「御示現の文」は、残念ながら現存せず、したがってその内容も不明である。しかしそれが何であるか明らかにすることは、親鸞の回心の決定的要因であるだけに、きわめて重要な歴史家の研究課題であった。その研究史について言及するのは省くが、『高田正統伝』以来、その示現の文とされてきたのは、真仏の『親鸞夢記』所載の「四句偈文」、すなわち「行者宿報設女犯、我成玉女身被犯、一生之間能荘厳、臨終引導生極楽」の文である。この偈文は、覚如の『親鸞伝絵』第三段に「建仁三年辛酉四月五日」の年紀を付して再録されているが、親鸞自身は、自らの回心を「建仁〔元年〕辛酉《かのとのとり》」のこととしてはっきりと『教行信証』の中で表明しているので、『伝絵』の夢告と回心の間には年紀のズレがある。この年紀のズレについて、赤松俊秀氏は、

『伝絵』の「建仁三年辛酉」の年紀は、覚如の誤記であって、「建仁元年辛酉」でなければならず、そのことは、年紀の下に記された辛酉という干支の矛盾からも明らかであるとした。[6]

私もまた示現の文は、「四句偈文」であるという赤松氏の説を支持したい。この偈は、参籠を始めてから九十五日目、満願まであと五日の暁方のことである。『伝絵』「六角夢想の段」には、次のように記述されている。

建仁三年辛酉四月五日夜寅時、聖人夢想の告まし〱き、彼記（真仏の『親鸞夢記』のこと）にいはく、六角堂の救世菩薩、顔容端厳の聖僧の形を示現して白衲の袈裟を着服せしめ、広大の白蓮華に端座して、善信（親鸞のこと）に告命してのたまはく、

行者宿報設女犯　我成玉女身被犯
一生之間能荘厳　臨終引導生極楽文

救世菩薩、善信にのたまはく、此是我誓願也、善信この誓願の旨趣を宣説して、一切群生にきかしむべしと云々。爾時、夢中にありながら御堂の正面にして、東方をみれば、峨々たる岳山あり、その高山に、数千万億の有情群集せりとみゆ、そのとき告命のごとく、此文のこゝろを、かの山にあつまれる有情に対して、説きかしめおはるとおぼへて、夢悟おはりぬと云々。

ユング派の分析心理学によれば、すべての夢には演劇的な構造があり、(1)夢の所、時、人物の明示、(2)象徴の言語を用いて意識に理解させるべき主題の布置、(3)劇的なクライマックスへの変化、(4)夢の有意義な集結、という図式に従って構築されているという。[7] はたしてすべての夢がこのような図式で構築されているかどうかはわからないが、「六角夢想の段」を見るかぎりは、それが右に示された夢

の演劇的な構造と見事に符合する内容であることは否定できない。夢を見はじめてから醒めるまでが一つの完成した劇《ドラマ》になっているのである。

ここで想起されるのは、かつて脇本平也氏が行った六角夢想の解釈である。(8) 氏は、この夢を前・中・後の三段の構成において理解し、「前段は、救世観音が姿を現わして偈を誦する。中段は、この偈に示されるわが誓願を一切群生に説き聞かせよ、という命令が下る。後段は、命を受けて親鸞は人々にこの誓願をのべ伝える」とし、「行者宿報……」の四句の偈文は、この夢想の中心テーマではないという。

この解釈は、親鸞個人の女犯の苦悩の解決を説く「四句偈文」が夢の主題ではなく、利他衆生の使命感こそ、親鸞が夢体験によって得た成果であるというもので、従来の解釈とはアクセントの置かれる場所が異なっている。

六角夢想をこの劇の全体の文脈から解釈しようとする脇本氏の視点はまことに重要である。しかしはたして親鸞自身は、この夢告を、衆生を利益せよ、という告命として解釈したのであろうか。氏の解釈に従って、この六角夢想を理解すると、わが身の凡夫性を悲痛する親鸞像ではなく、利他衆生の使命感に燃える菩薩的な親鸞像が浮かび上がってくる。しかし親鸞は、夢告によって本願の証しを得た、というのでなければ、聖徳太子の示現と法然を結ぶ線は、細いものになってしまうのではないだろうか。

六角夢想の全体は、親鸞自筆の告白が遺されていないが、ただ、親鸞が指授されたという「四句偈文」については、親鸞がこの偈を大切なものとして心に銘記したということを疑うことはできない。

というのは、戦後、高田専修寺で発見された真筆の『浄肉文』の裏面に、やはり自筆の「四句偈文」が鈍染していることが判明したからである。あたかも神の恩寵を体験したパスカルがその夜の感激を紙片に書き留めたように、親鸞は聖徳太子の告命を紙片に書きつけ、覚え書として残したのであろうか。ともかく私自身は、「四句偈文」を夢想の中心的なテーマとして考えたい。

四　本願に帰す

行者よ、たとい宿報によって女犯すとも、
我、玉女の身となりて犯せられん。
一生の間よく荘厳して、
臨終に引導して極楽に生ぜしめん。

「四句偈文」はこのように書き下される。この偈は、愛欲に苦しむ行者の前に、救世観音が玉女に変じて現われ、一生の間、その行者に同伴し、臨終には、浄土に引導せんという内容である。当時の多くの僧侶たちとは違い、若き親鸞は愛欲の問題を適当にやり過ごすことができなかった。それゆえこの問題に苦しみ、山を下りて参籠し、聖徳太子に証を請うた。そして肉体の限界に突き進んだ九十五日目の暁方、太子の本地である救世観音から、このような示現を授けられた。ここに、青年であれば直面する愛欲の波浪と葛藤し、菩提心なきわが身を悲痛した親鸞は、性が仏道成就の障害にならないことを確信する。かくして性の禁忌を建て前とし、禁欲持戒の生活を厳しく堅持することによって、人間の俗性を聖性にまで高めようとする自力聖道門の思想から解放されるのである。

しかし見ようによれば、この救世観音の夢告は、何とも都合のよい夢であろう。はたして親鸞は、この夢告を愛欲許容のサインと単純に受けとったのであろうか。そうではない。親鸞は夢告に自己の精神の深奥の声を聞いたのである。その声は、いわば我がはからいで自己の道を切り拓くことを断念し、分別心を断つことによって彼方から聞こえたものである。それは、人間性の自然に帰れ！　という大いなる呼びかけであった。その意味において、私はこの夢告を、親鸞が後年に説いた「自《じ》然法《ねんほう》爾《に》」につながるものとして把えた河合隼雄氏の洞察に豊かな示唆を受ける。(9)

　然るに愚禿釈の鸞、建仁辛《かのと》の酉《とり》の暦、雑行を棄て丶本願に帰す。（『教行信証』後序）

本願に身をゆだね、ただ念仏せよ、と説く法然が待っていた。さらに吉水の法然の禅房で百カ日聴聞した親鸞は、ここに存在の肯定の世界へと帰っていくのである。

註

(1) 池田亀鑑『平安朝の生活と文学』角川文庫、一九六四年
(2) C・A・マイヤー、秋山さと子訳『夢の治癒力――古代ギリシアの医学と現代の精神分析』筑摩書房、一九八六年
(3) 古田武彦『親鸞思想―その史料批判』冨山房、一九七五年
(4) 池田註(1)前掲書
(5) 名畑崇「親鸞聖人の六角夢想の偈について」『真宗研究』第八輯、真宗連合学会
(6) 赤松俊秀『親鸞』（人物叢書）吉川弘文館、一九六一年

（7）ハンス・ディークマン、野村美紀子訳『魂の言葉としての夢――ユング心理学の夢分析』紀伊國屋書店、一九八八年
（8）脇本平也「親鸞の夢をめぐって」『理想』四八五、理想社、一九七三年
（9）河合隼雄『明恵　夢を生きる』京都松柏社、一九八七年

第六章　宿　業

――その論理と倫理――

はじめに

私は以前、サマセット・モームの『人間の絆《きずな》』（"*Of Human Bondage*"）という作品を読んだことがある。詳しい内容は覚えていないが、自伝的小説ともいわれる本書において、モームは主人公が様々な体験を経て、人生に幻滅し、人間の絆から解放されていく過程を描いている。このタイトルは、幾多のわずらわしさに縛られた私たちの人生の苦境をそのまま表わしている。

キリスト教世界においては、この「絆」(bondage) という概念はよく用いられるのであろうか。現代の著名な神学者であるティリッヒは「プロテスタントの原理は、神と人間のあいだの無限の距離を強調している。それは、人間の有限性、死への屈服、とりわけ真実の存在からの疎外と悪魔的な力、つまり自己破壊の力への絆を強調している」(1) といっている。いわば人間が虚無の鎖につながれてまったく無力であるという。このような見方は、キリスト教のなかでも特にプロテスタント的かもしれない。

しかし「絆」という概念は、キリスト教のみならず、世界の諸宗教の中にも見られるものである。

その意味において、世界の諸宗教のそれぞれの特質を、絆と恩寵という両側面から明らかにしようと企図して、カーター氏が編集した『人間の絆と聖なる恩寵――世界的証明』という論文集は、意欲的な試みである。[2]本書において、絆の対応概念が諸宗教の中で言及されているが、ヒンズー教や仏教あるいはジャイナ教など、インドに発祥した宗教においては、それがしばしば「業」（karman）という言葉で表現されている。インド的思惟においては、時間は成住壊空のサイクルを無限に繰り返し、人間はそれぞれの業にしたがって、輪廻転生の連鎖を果てしなくたどるとされる。「結び目のシンボリズム」は、インドの諸宗教に通底する。[3]仏教は、インド古来の業の思想を取り込み、仏教的再解釈を施した。が、他のインドの諸宗教の場合と同じように、その業の概念は、たしかに絆という側面をもつであろう。

　仏教においても、善因楽果・悪因苦果の応報説が三世を結ぶ絆として説かれ、すべての現象は因果によって解き明かされ、一切は法におさめられるとするのである。カーター氏の編集した上記の書物のいくつかの論文を走り読みしながら、私は、浄土教の諸師の言葉を想い起こしていた。たとえば法然の「もし無漏《むろ》の智剣なくば、いかでか悪業煩悩のきづなをたゝんや」（『法然上人行状絵図』巻第六）、あるいは親鸞の、

　清浄光明ならびなし　遇斯光《ぐしこう》のゆゑなれば
　一切の業繋《ごうけ》ものぞこりぬ　畢竟依《ひっきやうえ》を帰命せよ
（「浄土和讃」・真宗聖教全書二―四八六頁）

という和讃、「具縛《つみのなはにしばらるるなり》といふはよろづの煩悩にしばられたるわれらなり」（『唯信鈔文意』）という言葉など。また「もししからば、一生のあひだおもひとおもふこと、みな生死のきづなにあらざることなけ

れば、いのちつきんまで念仏退転せずして往生すべし」（『歎異抄』第十四章）という一節も想い出される。

もちろん業とはいっても、仏教には他のインドの宗教的立場とは異なった独自の業論がある。インド思想に不案内な私にこれを論ずる資格はないが、先述の論文集を一瞥しただけでも、たとえばヒンズー教の学者が業を霊魂と不可分に論じているのがわかる。ここでは業は実体視されている。一方、仏教は、流転する人間の生の実相を縁起として把え、その意味把握のなかで業という語が用いられる。いわば業は縁起と不可分の概念である。業という語をインド古来の思想に借りながら、霊魂不滅のインド的観念（有我論）によらない仏教の立場は、言葉の概念の範疇《カテゴリー》が他の宗教的立場と異なってきている。

業は、仏教において人間の絆を象徴する言葉である。その絆は、様々な場面において独自の言葉で表現される。過去との絆を示す語としてもっとも流布したのは「宿業」という言葉である。宿業は、本来、現在ある自己が過去と必然的な因縁があることを意味する。宿業の教説は、人間の自覚と責任感を深めさせる教えである。人間は、自己の未来に責任を有する行動主体である。宿業の教説は、過去と現在の縦の因果を説くことにおいて、「個」（the individual）の自覚を促すものである。

が、一般に宿業というと、何かしら不可解なもの、前世の悪業によって現在の自分が縛られるようなものと受けとめられる。この言葉には、現在の自己を束縛するいのちの暗い過去という陰鬱なイメージがつきまとう。しかし宿業とは、仏教の原義によれば、私が私としてある必然的な因縁を感じとった言葉であり、厳粛ないのちの受けとめを表わすものである。『大無量寿経』下巻に展開される業道自然《じねん》の思想は、私たちの想いを超えた森厳な生存在の現実を赤裸々に述べている。その生存在の事実に目を見開くことを私たちに勧めることを通して、弥陀の本願をたのむべき一事が一筋に説かれるのである。

しかし仏教の歴史において、宿業という語は、このような信仰の文脈において受けとめられただろうか。宿業という言葉は、実体化され、人間を縛りつける過去の呪い＝呪縛の論理として受けとめられる場合が少なくなかったといってよい。そのとき宿業は、抑圧のロゴスとして機能した。寺の法座で、宿業という語が信徒に対して、現在の不幸を動かしがたいものとして忍従させるようなロゴスとして機能した例は枚挙にいとまがないのである。とくに真宗においては、部落差別とのかかわりのなかで、宿業という言葉が人間の尊厳を、そして人権を傷つけてきた歴史がある。その厳然たる事実は、この宗教的伝統にある者が懺悔のなかに直視しなければならないものである。いま、業・宿業という言葉が問い直されなければならない理由の一つはここにある。

私は、この小論において、宿業の意義について、いくつかの側面から尋ねてみたい。

一　意味の文脈

1　宿業論のカテゴリー

仏教はその思想のいくつかの概念をインドの先行思想に負っている。業という概念もその一つである。インドにおいては、業の概念は、思考以前、論理以前の前提であるかのように思われる。それはあらゆる思索活動の基盤となっている。過去・現在・未来の三世にわたる業の思想は、インドにおいては、この地に発祥したいずれの宗教的立場に属する人々も等しく分かちもつものである。このような汎インド的な観念が仏教のうちにも生きていることは言うまでもない。

しかしインドの諸思想の業論と仏教の業論とでは、その言葉は同じでも意味内容に隔たりがある。仏教は、元来、永劫の苦を断ち切るがための正覚成就の道であるが、それを説くにあたって、当時の宗教的既成概念を多く取り込んだ。業や輪廻などはその例である。しかし術語的類似性のゆえに両者を混同してはならないのである。業といっても、インドの諸思想のそれと仏教のそれとでは、言葉のカテゴリーが異なる。しかし私たちは、しばしば両者を同じカテゴリーの言葉として把える。もしインドの諸思想と同じ地平で、仏教の業について論じるならば、それはカテゴリー・エラーというほかない。

仏教における業論のカテゴリーとは何か。それには様々な場面が考えられよう。思うに、その思想的なカテゴリーを定立するにあたって、縁起という基本的立場を想定することは誤りではないであろう。仏教は諸法の実相を縁起の法として把えるが、仏教の業論もまた人間の現実を縁起によって把えたものということができる。そこにインド古来の実体的な業論と異なる仏教の業論の端的な特質がある。

縁起といった場合、業につきまとう呪縛のイメージは消える。業縁起あるいは業因縁という思想は、深刻な現実を明晰に包む。したがって業を解釈する場合のカテゴリカルな前提として、私は、何よりもそれが縁起の法であることを確認しておきたい。

とはいえ、率直に言って、縁起としての仏教の業論の検討は、私の手にあまる。が、たまたま手もとにある『成唯識論』を繙くと、「人間は、惑（煩悩）に基く業（行為）によって、三界（欲界・色界・無色界）を生死流転する苦を受ける」[4]と教示されている。衆生が輪廻する次第を説くこの惑―業―苦（＝三道）の連鎖は、縁起の法としての仏教の業論を私が理解するための糸口となるように思われる。

惑―業―苦の連鎖を原初的に明らかにしたものとして、しばしば挙げられるのは、部派仏教で体系づけられた十二因縁である。承知のように、十二因縁は、生死輪廻する人間の実相を無明に始まる迷いの構造として明らかにしたものである。この場合、宿業の位置がどこに当たるかということが問題になる。十二因縁の有力な考え方によれば、十二因縁中の過去世を代表する無明の行のうち、行が宿業（pūrva-karman）とされ、それが現在世の結生の瞬間である識に影響を及ぼすとみなされている。

しかし学者の指摘するところによれば、このような宿業観は、同時に、仏教を信ずると信じないとにかかわらず、業が客観的に実在し、それが人々の生存を決定するのだというように、業を実体視する方向へと向かわせることになる。ここに仏教の宿業観は、一般社会においても、宿命論と寸分違わぬ機能を果たす弊を生むに至るのである[5]。宿業を縁起の法として位置づけることの難しさがそこに窺われるが、ともあれ宿業論の前提として、それが縁起であるという一点は、私たちの決して見落としてはならないところである。

では、惑―業―苦の円環的因果関係は、人間生活の具体的場面においてどのように現われるであろうか。私たちは、惑―業―苦の現実態をリアルに描いた身近な経典として、何よりも『観無量寿経』

を想起するであろう。『観経』は、端的に人間の「業の物語」と受けとめられる。王舎城の悲劇を縁として、浄土への救済を説くこの経典は、主人公韋提希《いだいけ》の直面した苦境を発起序としている。そして韋提希の苦境を主人公個人の苦境としてではなく、凡夫である我ら全体の苦境として、この人間像にスポットを当てたのは、唐の善導大師である。

善導は『観経序分義』において、韋提希を「実業の凡夫」であるとして、従来の聖道門諸師の説――すなわち韋提希の外相は凡夫であるが、それは菩薩がかりにその姿をとったものであるという説――を否定する。善導にとって韋提希は、生身の苦悩する人間でなければならなかった。善導によれば、韋提希は悲歎のなかに、悪逆の子供をもったことに、

我一生より已来、いまだかつてその大罪を造らず。いぶかし、宿業の因縁なんの殃咎《おうく》ありて、しかもこの児と母子たる。（『観経序分義』・真宗聖教全書一―四八四頁）

という疑問を懐いたとされる。ここに善導は、韋提希が宿業を自ら感じとったと把えるのである。漢語の「宿」には、「かねてからの」「ひさしい」という意味があるが、宿業という語は、前世あるいは過去の生存以来の業ということを意味する。浄土教の歴史のなかでは、宿業という語は、善導の用例を嚆矢とするであろう。(6) しかしこの語は、『観経疏』では、序分義と定善義に二例が見られるのみである。そのことは、宿業という言葉が成語としてまだ熟していなかったことを表わしているのではないだろうか。しかしそれが善導に宿業の自覚がなかったという意味ではもちろんない。宿業の自覚こそ、善導の信仰的自覚の基底をなすといっても過言ではない。

2 『歎異抄』における宿業の位相

日本において深い宿業観が表わされた書として、しばしば言及されるのは『歎異抄』である。[7]

弥陀の本願不思議におはしませばとて悪をおそれざるは、また本願ぼこりとて往生かなふべからずといふこと。この条、本願をうたがふ、善悪の宿業をこゝろえざるなり。よきこゝろのおこるも宿善のもよほすゆゑなり、悪事のおもはれせらるゝも悪業のはからふゆゑなり。故聖人のおほせには卯毛《うもう》・羊毛のさきにいるちりばかりも、つくるつみの宿業にあらずといふことなしとしるべしとさふらひき。

（『歎異抄』第十三章・真宗聖教全書二—七八二頁）

本章で著者は、人間の生得的な罪障性に無自覚のまま賢善精進を説く者に対して、それは宿業を知らない者の論だと喝破する。罪障に苦しみ、本願をたのみ、逆に専修賢善の精進論者から邪見の本願ぼこりの徒として、造悪無碍の汚名を着せられた人々。著者の回りには、そのような念仏者たちがいた。著者は、それらの念仏者たちへの非難はいわれなきものであるとみた。そしてその理由を明らかにするために宿業の論理を展開するのである。

『歎異抄』には、親鸞の言行が収録されているが、それはたんなる言行の再録ではない。親鸞の言行を素材としつつも、そこに編集の手が加えられている。著者は、耳の底にとどめた親鸞の法語の断片を集め、これを「大切の証文」とし、信仰の「目やす」と仰いで一書に編集したのである。もちろんそこには、前序と後序に述懐されているような明確な目的があった。『歎異抄』の宿業論を解読するためには、その文脈において読み解いていく必要がある。私たちが本書の宿業論を理解しようとするとき、この言葉をどのレヴェルで読むのか、ということが問題になってくる。すなわち当時一般に流布したレヴェルで読むのか、あるいは本書の著者が意図した編集のレヴェルで読むのか、という問題である。その意味で解釈学的な前提が考えられる必要があるであろう。

江戸時代の真宗大谷派の宗学者である妙音院了祥が著した『歎異抄聞記』によれば、『歎異抄』全体の基底を成している原理は、善導の機法二種の深信であるといわれる。(8) 承知のように、善導は『観経散善義』において『観無量寿経』散善観に説かれる三心の中の深心を「深信の心」と解釈し、この深信に、〔1〕我が身の罪悪を深く信知する〈機の深信〉と、〔2〕阿弥陀仏の本願がそのような我を必ず救ってくださると深く信知する〈法の深信〉があると説いた。この二種の深信は、互いに相応的関係にあり、一つの信仰の両面である。これが『歎異抄』の信仰思想の基底をなしている。了祥によれば、本書には一貫して、この二種深信が説かれているとされる。大変によくわかる説であるが、もしこれによれば、宿業の自覚は〈機の深信〉と深く関係してくることになる。それゆえに、

聖人のつねのおほせには、弥陀の五劫思惟の願をよくよく案ずれば、ひとへに親鸞一人がためなりけり。さればそれほどの業をもちける身にてありけるを、たすけんとおぼしめしたちける本願のかたじけなさよ。

（『歎異抄』後序・真宗聖教全書二―七九二頁）

という親鸞の「つねのおほせ」を『歎異抄』の著者は、

いままた案ずるに、善導の「自身はこれ現に罪悪生死の凡夫、曠劫よりこのかたつねにしづみつねに流転して、出離の縁あることなき身としれ」といふ金言に、すこしもたがはせおはしまさず。

（『同』）

と〈機の深信〉で押えるのであろう。著者はこのことを強調することにより、自己の分限を忘れ、「よしあし」を申し合っている賢善精進の徒を誡めようとしたのである。

『歎異抄』の著者の信仰理解の背景に聖覚の『唯信鈔』があることは、本書第十三章に『唯信鈔』の言葉が引用されていることからも知られるが、了祥は『歎異抄』の善悪二業の理解が『唯信鈔』に負っていることを指摘している。(9) とすると、著者は、親鸞の宿業観と同時に聖覚の宿業観を通して、自己の宿業論を形成しているということになる。『歎異抄』で見るかぎり、親鸞は「善悪の宿業」については言及していない。この「善悪の宿業」について、聖覚は、

宿善のあつきものは今生も善根を修し悪業をおそる、宿善すくなきものは今生に悪業をこのみ善根をつくらず。宿業の善悪は今生のありさまにてあきらかにしりぬべし。

（『唯信鈔』・真宗聖教全書二―七五四頁）

と説いている。この『唯信鈔』の中には、決定論的な宿業の理解があるが、『歎異抄』の著者はこの理解を受け継いでいるようである。ここに本書が一面において、善悪の決定論とも言いうるような宿業の理解に立っていることが知られる。

私たちは、親鸞が、その著作の中で宿業について直接に言及していないことに留意すべきである。それは、親鸞に宿業感（観）がなかったというのではない。親鸞の深い宿業感は、先に引用した「それほどの業をもちける身」という「つねのおほせ」のなかに端的に察せられるであろう。にもかかわらず親鸞がその著作のなかで宿業という語を用いていないのは、宿業論が信心とは無縁な決定論、宿命論に陥りやすいことを警戒したからではないであろうか。(10)

それでは、親鸞が用いることを避けていたらしい宿業という語を『歎異抄』の著者はなぜとりこんだのか。ここで私たちは、もう一度『歎異抄』の編集意図に帰らなければならない。宿業論が善悪決定論の立場を強めると、それは抑圧のロゴスとして機能する危険をはらむ。しかし『歎異抄』の著者の意図は、決してそうではなかった。著者はむしろ宿業という語を武器にして賢善精進を勧める自力作善者たちを批判し、逆に日々の生活のなかで悪業への恐れに苦しむ人々を解放することを願った。その意味で、宿業は解放のロゴスとして用いられたのである。

二　歴史のなかの業と宿業

1　呪縛的な業報観の形成

日本人の精神史を振り返ってみると、いかに業の思想が日本人の精神生活のなかに深く根を下ろしてきたかがわかる。惑—業—苦の教説は、具体的に因果応報の形をとって実体化された。梅原猛氏の『地獄の思想』は、日本の文学における仏教の受容が因果応報の形をとって強く現われていることを鮮かに示してくれた[11]。梅原氏は、本書の第一部「仏教における地獄思想の系譜」、第二部「それにおける文学のあらわれ」で、『源氏物語』や世阿弥の能、あるいは近松門左衛門の文学などを例にとって、それらの作品が業に苦しめられる人間の実相を描いたものだということを明らかにしている。

また欧米の研究では、ウィリアム・ラフルール氏の『言葉の業』が注目される[12]。ラフルール氏は、近代以前の日本人の知的基盤となったものが仏教であるとし、『日本霊異《りょうい》記《き》』から芭蕉の俳句に至るまで、仏教の象徴体系（symbol system）が広く浸透していたことを具体的に例証していく。その象徴体系の大きな要素を占めるものが業の観念であることは、本書のタイトルからも端的に窺われる。

これらの著作にも明らかなように、惑—業—苦の業思想は、縁起観としてよりはむしろ呪縛的な業報観として展開する。日本においては、「隣国の客神《まれひとがみ》」として迎えられた仏の教えは、基本的に因果応報の教えとして受容された。その意味において、因果応報的な仏教観を最初に呈示した『日本霊異記』は注意される。

善悪の報は影の形に随ふが如く、苦楽の響《ひびき》は谷の音に応《こた》ふるが如し。見聞する者は、甫《すなは》ち驚き怪しび、一卓の間《あひだ》を忘る。慚愧する者は、倏《たちまち》に悸《こころつご》き惕《いた》み、起ち避《さ》る頃《あひだ》を忩《いそ》ぐ。善悪の状を呈《しめ》すに匪《あら》ずは、何を以《も》てか、曲執《ごくしふ》を直《ただ》して是非を定めむ。因果の報を示すに叵《あら》ずは、何に由りてか、悪心を改めて善道を修めむ。

（『日本霊異記』序・岩波「日本古典文学大系」七〇、五五頁）

『日本霊異記』の基調は、免れることのできない因果の報であり、罪福応報の思想である。本書の著者である景戒《きょうかい》は、仏法は全存在の理法であり、万物を統御するものと理解し、それは因果応報の理にほかならぬという。このような因果応報の思想は、仏教によって導入された新しい思想であった。景戒は、その善悪因果応報を説くにあたり、とくにわが国の説話を集め、『日本国現報善悪霊異記』と名づけた。善と悪の両極に分かたれる因業は、罪福というまったく隔絶し相反するところの果報となって現われるという。この応報観は、『日本霊異記』を貫徹する思想として、人々を仏教へと転回させる基軸であった。

本書において罪福の教えは、本質的な意味をもっていると言わなければならない。景戒は、人々に自らの日常の言行の因業として来福と災禍のいずれの果報をとるかを峻烈に問うた。さらにこの因果応報の思想は、とりわけ現世の身において受ける現報に主要な位置を与えているところに特質がある。『霊異記』は「日本国現報」と号することにおいて、「現報」重視の立場を明らかにしている。過去・現在・未来の三世にわたる仏教の因果応報説を現報の中に集約したところに景戒の主要な関心が窺われよう。

『日本霊異記』は、父母殺生、畜生殺生、貪欲、偸盗、邪婬などの悪業の実情をさらけ出す。それは業にしたがって六道を転生するという教説に基づき、ここにおいて地獄さらに畜生道への転生という数々の悪報譚となって現われる。

其の神識《たましひ》の業《ごふ》の因縁に従ひて、或《あ》るは蛇馬牛犬鳥等に生まれ、先の悪契に由りて、蛇と為りて愛《くな》婚《かひ》し、或るは怪《け》畜生と為《な》る。（『同』中巻第四十一話、二九五頁）

業にしたがって六道を転生することは、生けるもののまぬがれがたい定めであるとの信仰は、『霊異記』の十数話に窺われる。中村恭子氏によれば、それらの転生譚は、人趣への転生（三話）、畜生（牛、狐、猴、蛇）への転生（十話）であり、その中でも牛への転生譚が六話ともっとも多い。化牛説話を中心とする畜生転生譚において、景戒は人々に廃悪修善を勧めるのである[13]。その意味で、善悪因果の論理を人々に植えつけるうえでのちに大きな影響を及ぼした『善悪因果経』が、本書（上巻第十八、中巻第十）に引用されているのは興味ぶかい。

仏教の業思想は、本来、縁起観に基づくもので、『霊異記』に見られるような一因一果的な素朴な善悪因果観に基づくものではない。しかしこのような一因一果的な業の教説は、民衆教化において大きく作用し、実体化された業の受容を生み、罪福信を拡大していった。それが『法華験記』や『拾遺往生伝』あるいは『今昔物語』などの仏教文学をはじめとし、中世の王朝文学や近世の仮名法語に至るまで日本文学の重要なモチーフとなっていく。そのことは、最初に言及したとおりである。

2　法然の宿業観

宿業という言葉は、『日本霊異記』（上巻第八）にも現われているが、とくに中世において用例が顕著に見られるようである。仏教説話集である『法華験記』（巻上二六、三一、三六、巻中五三、七八）、『拾遺往生伝』（巻中三）はもとより、九条兼実の日記である『玉葉』（治承四年十二月六日、二十九日）にも「宿業」の語がみられる。しかしながら管見したかぎりでは、その用法は実体的罪報観あるいは詠歎的宿命観の域を脱していない。

その意味において、同じ中世に生きながら、宿業を信仰の言葉として実存的に受けとめた法然の場合について一瞥してみたい。親鸞と同じように、法然の著作の中に宿業は正面から触れられていないようである。その法語に用例が窺われるのみである。

誠に罪障かるからず。酬報又はかりがたし。過去の宿業によって、今生の悪身を得たり。現在の悪因にこたへて、当来の悪果を感ぜん事疑なし。

（「室の津の遊女に示されける御詞」・昭和新修法然上人全集、七一八頁）

右の一節は、承元の法難で法然が四国に流罪となった折、その途次に室津の遊女に与えた言葉といわれる。表面的にみれば、中世人一般の悪報観と変りないように思われるが、法然にとって宿業の身の自覚は、そのまま本願の救済を仰ぐ道へとつながるものであった。すなわち宿業はどこまでも信仰の言葉であり、〈法の深信〉と不離の〈機の深信〉の自覚の言葉であった。

宿業を信仰の言葉として受けとめた法然の立場を示す例として、私はここでしばらく『浄土宗略抄』の一節に注意してみたい。(14)

宿業限りありて受くべからん病は、いかなるもろもろの仏・神に祈るとも、それに依るまじき事也。祈るに依りて病も止み、命も延ぶる事あらば、誰かは一人として病み死ぬる人あらん。

（『浄土宗略抄』・同、六〇四頁）

ここで法然は、人間にとって病と死が不可避である所以を宿業によって説明し、いかに神仏に祈願しようともそれから逃げることはできないと諄々に述べる。法然によれば、現世において自分がいま身に受けた病気は、過去に為した行為の当然の結果として、まさに受けるべきものとして受けなければならない禍なのである。また人間の寿命も同じように宿業の結果として現われる。それゆえ治病や延寿を諸神・諸仏に祈っても効験はないという。

況んやまた仏の御ちからは、念仏を信ずる者をば、転重軽受といひて、宿業限りありて、重く受くべき病を、軽く受けさせ給ふ。況んや非業を払ひ給はん事ましまさざらんや。されば念仏を信ずる人は、たとひいかなる病を受くれども、みなこれ宿業也。これより重くこそ受くべきに、仏の御ちからにて、これ程も受くる也とこそは申す事なれ。

（『同』六〇五頁）

と述べる。私たちは病を避けることはできないが、阿弥陀仏に帰依し念仏申すひとは、仏力に護られて、重い病を軽く受けることができる。これを転重軽受というのである。まして自業でないものは、仏もどうすることもできない。したがって念仏者は、病にかかればこれを宿業と領受すべきである。重病の者は、本来はもっと重い病なのだが、仏力の加護によってこの程度の軽症ですんだのだと受けとめるべきである、と。そして善導の釈によって、

われらが悪業深重なるを滅して極楽に往生する程の大事をすら遂げさせ給ふ。ましてこの世にいか程ならぬ命を延べ、病を扶くる力ましまさざらんやと申す事なり。されば後生を祈り、本願をたのむ心も薄き人は、かくのごとく囲繞にも護念にも預かる事なし。（『同』）

と説く。阿弥陀仏は、私たちの深重な悪業を滅して、往生極楽の大事を実現させてくださる。ましてこの世で私たちの病を軽くするほどの力がないはずがない。ところが阿弥陀仏の本願をたのみ、後世を祈る心の薄い人は、仏力の護念を蒙ることがないから病の転重軽受はありえないのである——。

本書の末尾にある添書によれば、これは鎌倉の二位の禅尼すなわち北条政子の請によって記されたという。あるいはこのとき政子は病にかかっていたのかもしれない。それに対する法然の答は、まことに懇切かつ合理的である。この宿業観には、古代・中世に特有の呪縛的・詠歎的な暗いイメージはない。それは、法然の宿業の受けとめが善導の〈機の深信〉を基底とするゆえに、本願をたのむ〈法の深信〉と不離に了解されているからであろう。

3　宿業観の継承と変質

言うまでもなく、釈尊は業論者であった。

生きとし生ける者どもは死ぬであろう。生命は終《つい》には死に至る。かれらは、つくった業《ごう》の如何に

したがっておもむき（それぞれ）善と悪との報いを受けるであろう。

（『感興のことば』第一章中村元訳、岩波文庫一六三頁）

『感興のことば』（"Udānavarga"）は、ブッダが感興を催した結果、おのずから表明された言葉を集めたものといわれる。ここに業の道理を認めるとともに、一筋に善に向かって精進せよということが説かれている。「諸悪莫作、衆善奉行、自浄其意、是諸仏教」（七仏通誡偈）は、原始仏教以来、部派仏教や大乗仏教を通じて、もっとも有名な偈の一つであって、もろもろの悪をなすことなく、衆《おお》くの善を奉行《ぶぎょう》実践し、自らその意《こころ》を浄くするというこの三つのことが諸仏の教えであり、仏教そのものである、ということである。業道の基本原則である善因善果・悪因悪果の認識に立って廃悪修善の道を歩むことは、仏教者としての必然の生き方である。

が、このような生き方を求めて、善に向かってひたすら精進していくとき、人はどのような認識に到達するであろうか。人は真摯であればあるだけ、それとは逆の自己を発見するのではないだろうか。

悪性さらにやめがたし　こゝろは蛇蝎のごとくなり
修善も雑毒なるゆゑに　虚仮の行とぞなづけたる

（『正像末和讃』「愚禿悲歎述懐」・真宗聖教全書二―五二七頁）

親鸞の述懐には、自己の修善の雑毒性、そして自力の修善の無効性を告白し、その深重の罪業を懺悔する言葉が多い。そこには、廃悪修善の道を歩んで、不善造悪の凡夫の事実を想い知らされた人の正直な告白がある。とりわけ右の和讃には、宿業のロゴス的な受けとめよりもパトス的な受けとめが表出されている。『正像末和讃』が親鸞八十四歳前後の製作であると考えると、晩年に至って様々な苦悩のなかに宿業の身の自覚がいよいよ深まっていったことが偲ばれる。

このような言葉は、自ら衆善奉行の道を歩んだ人にしてはじめて口にすることができる。この自覚に立って、親鸞は、「卯毛・羊毛のさきにいるちりばかりも、つくるつみの宿業にあらずといふことなし」（『歎異抄』第十三章）という宿業観を吐露するのである。親鸞ほど、罪悪深重・煩悩熾盛の自己の現実を鋭く見つめ、それを語った仏教者はいないのではないだろうか。しかしその罪悪深重・煩悩熾盛という現実は、もとより親鸞個人の現実ではなく、あらゆる人間の現実である。

「凡夫」といふは、無明煩悩われらがみにみち〳〵て、欲もおほく、いかりはらだち、そねみねたむこゝろおほくひまなくして、臨終の一念にいたるまで、とゞまらず、きえず、たえず。

（『一念多念文意』・真宗聖教全書二―六一八頁）

親鸞は、無明海に沈迷する凡夫たる人間の現実態を赤裸々に描いている。ここに〈機の深信〉に根ざした宿業観が述べられているが、この宿業観には当時の民衆に流布した、宿業と現報を直結する立場は認められない。親鸞において〈機の深信〉の自覚は、〈法の深信〉の水路を開くものである。であればこそ、罪悪も業報を感ずることなしという信心の行者の積極的な生き方が生まれるのである。

親鸞の宿業の自覚は〈機の深信〉の自覚であるが、注意しなければならないのは、近世の宗学で二種一具と術語的に説かれたように、その自覚は〈法の深信〉と相依であるということである。したがって親鸞の宿業論は、信に関係のない宿命論とはおのずと区別される。

にもかかわらず親鸞以後、宿業の自覚は〈機の深信〉の自覚としてではなく、疾病をはじめとする数々の不幸・不運の現実を説明する論理として人々に伝えられることが少なくなかった。〝前世の種まきが悪かったからいまこういう報いを受けるようになったのだ。だからあきらめなければ仕方がない〃と。こういう言葉が、宿業の教えとして、宗門の教学を荷う宗学者たちや寺の法座に呼ばれた説教僧たちによって、何度吐かれたことであろうか。ここにみられる宿業論の構造は、「現在の不幸」(現報)を「前世の種まき」(過去業)に帰するものである。それは、ヒンズー教やジャイナ教(宿作外道と呼ばれた)の実体論的・宿命論的業論、あるいはプリミティブな一因一果的・呪縛的業論と何ら変りなく、縁起観に基づく仏教的業論からは大きく逸脱したものになったのである。[15]

このような宿業の実体視は、社会的な場面ではかりしれない影響を及ぼした。とくに近世において身分差別を、動かすことのできない運命として忍受させ、封建制度を合理化するという役割を果たすことになった。[16] その結果、宿業論は、「穢多」・「非人」という身分名で忍苦を強いられた被差別民衆を抑圧する理論装置、恐るべき加害の論理に変質した。すなわち人間の尊厳を奪う差別思想の温床となったのである。そのような差別思想としての実体的宿業論は、近代になって被差別民衆から厳しく告発されるまで、教団教学そして末寺僧侶の気づかぬところであった。[17]

三　宿業の人間観

1　私という現象

前章で度々言及してきたように、仏教においては業は縁起の概念と切り離して考えることができない。この仏教の業縁起観に基づいて人間を見つめるとき、独自の人間把握が生まれてくることになる。

近代においては、そのような人間把握が極めて影が薄くなってきたことは否定できないが、たとえば今年（一九九六）生誕百年目にあたる宮沢賢治の文学には、業縁起観に基づいた人間把握をみることができる。賢治に「私といふ現象」（『春と修羅』第一章「序」）と題する詩がある。

わたくしといふ現象は
仮定された有機交流電灯の
ひとつの青い照明です
（あらゆる透明な幽霊の複合体）
風景やみんなといっしょに
せはしくせはしく明滅しながら
いかにもたしかにともりつづける
因果交流電灯の
ひとつの青い照明です
（ひかりはたもち　その電灯は失はれ）

（『校本宮沢賢治全集』・第三巻、筑摩書房、五頁）

承知のように、賢治は『法華経』に帰依した。右の詩の一節は、様々な隠喩に満ちて難解であるが、ここには彼の業縁起観があるように思われる。あえて強引な解釈を試みれば、「わたくし」を「有機交流電灯の／ひとつの青い照明」と言うとき、私を空間軸のなかにみて、身体は各要素が仮りに和合してあるのだという五《ご》陰仮《うんけ》和《わ》合《ごう》の人間観を表明したもののように思われる。一方、「わたくし」を「因果交流電灯の／ひとつの青い照明」と言うとき、私を時間軸のなかにみて、身体は過去の業報であるとする人間観を表明したもののように思われる。私は一つのほのかな光として明滅している。しかもそれは青い色を発光している。この青のイメージには憂愁観が漂う。賢治は一般の常識とは異なった視線で、人間が光っているのを見たようである。

『詩ノート』一〇一八で、賢治は次のように記している。

　黒と白との細胞のあらゆる順列をつくり
それをばその細胞がその細胞自身として感じてゐて
それが意識の流れであり
その細胞がまた多くの電子系順列からできてゐるので
畢竟わたくしとはわたくし自身が
わたくしとして感ずる電子系のある系統を云ふものである
（同・第六巻一〇〇頁）

右の詩において、賢治は、私という現象を「意識の流れ」「電子系のある系統」と把える。先の詩と同じく、私は一個の電流体として感覚されるが、同時に絶えまない意識の流れであると把えられる。この「意識」とは、私が醒めているときも眠っているときもつねに流れ続けている意識であろう。賢治は生存在の事実をこのように把握したのである。

賢治の言う「意識の流れ」とは、私のなかに太古の過去から流れて集積された経験であろう。大乗仏教の唯識説によれば、そのような意識の流れは、阿頼耶識《あらやしき》という言葉で表現されてきた。たとえば護法の著した『成唯識論』には、私たちの表層の意識である前六識のさらに奥に第七識末那識《まなしき》と第八識阿頼耶識という深層意識があると説かれる。この深層意識は凡夫には自覚されず、教説によって知るのみであるが、阿頼耶識は過去の一切の意識経験を蔵して流れつづけている。一方、阿頼耶識に固執しつづける自我の意識が末那識である。この阿頼耶識の意識の流れは、世親の著した『唯識三十頌』に、

恒《つね》に転ずること暴流の如し。

（小島恵見編『新編成唯識論』所引三五頁）

と表現されている。とすれば、私という現象は、意識の河の流域にあるということができるであろう。私たちは、前六識の身口意の三業によって、自らの業を造っていくが、その業を蔵しているのが阿頼耶識である。『成唯識論』では三能変の識といい、前六識を了境、第七識を思量というのに対して、第八識を異熟という。したがって阿頼耶識は、一切の過去の業経験を異熟果として蔵する。すなわち蔵識である。阿頼耶識が蔵識であるということは、過去の一切業を背負っているということである。この経験によって自己が縁起されるのである。阿頼耶識は、いわば私が私であるところの主体である。

大乗仏教の業縁起観は、唯識説においては阿頼耶縁起と表現されるのである。阿頼耶識とは、私を出現させる根源底であるといえよう。阿頼耶識は、過去の一切の業経験を集積して私を出現させているのである。このような認識をもっているのが菩薩である。しかし凡夫である私たちは、このような生存在の事実に無自覚のまま阿頼耶識に固執する。そこに末那識といわれる自我意識の働きがある。

阿頼耶縁起説は、人間の生きている現存在が、私たちが理知で考えるよりも深い超越的な意味があることを告知する。安田理深師は、阿頼耶縁起とは、全仏法・全法界を荷負する菩薩的人間像を記述したものであるとし、唯識説に人間学という意味を見出している。(18)

阿頼耶縁起は、宿業の身の事実を縁起の思想によって解明したものである。業感縁起とか業因縁と

も呼ばれる宿業の道理は、生存在としての身の事実を示す仏教の人間観である。仏教学者の指摘するところによれば、『阿含経』や『倶舎論』などの初期仏教の諸論に説かれる業論の範囲では、浄土教で大きな主題になる宿業の道理はまだ問題になっていない。それは、大乗唯識教学における人間存在の省察を通して浄土教に連結することになると指摘される[19]。

宿業は、しばしば運命と同一視されるが、外在的・偶然的な神意として私の人生を左右するものではなく、内在的・必然的な事実として我が身を形成するものである。私たちが生まれるのは、業によって身をうける。そこには、私たちの理知分別を超えた厳粛なものがある。唯識に教説されるように、この身は過去の業経験の異熟果としてあるのである。

2　業報身としてのわれら

私は何よりも生物的存在として生きている。それを私一人の上に現わす概念を、「身」という言葉で表現する。「み」という日本語は「入れもの」(＝器量につながる)を意味する。『歎異抄』によると、親鸞にもし人を千人殺せば君の浄土往生は確実だと告げられた唯円は、

おほせにてはさふらへども、一人もこの身の器量にてはころしつべしともおぼえずさふらう。
(『歎異抄』第十三章・真宗聖教全書二―七八三頁、傍点引用者)

とこたえている。

聖道門は、自力の修行によってこの身の器量を変えようとする難行の道である。たとえば山伏は、「懺悔、懺悔、六根清浄……」と繰り返し唱えながら深山幽谷をひた歩き、霊所を巡拝する。いわゆ

る奥駆けと呼ばれる修行である。そこには身（六根）の浄化を期する祈りがある。しかしわが身の器量を変えることは容易ではない。[20] 他方、浄土門では、〈機の深信〉に説示されるように、いかんともしがたいわが身の現実を自らの業として受けとめよと教えられる。親鸞は、

いづれの行もおよびがたき身なれば、とても地獄は一定すみかぞかし。

（『同』第二章・『同』七七四頁）

と告白している。親鸞は、罪悪深重・煩悩熾盛のわが身の現実を徹底的に凝視した人であった。おそらくその自覚の痛切さは、師の法然より深刻であろう。法然は、自らを「十悪の法然房」と名告った（「聖光上人伝説の詞」其二）。が、一方『往生大要鈔』において、「われら罪業おもしといえども、いまだ五逆をつくらず」と述べている。法然は自分自身を十悪の者であっても「いまだ五逆をつくらざる」者とみている。[21] ところが親鸞は、前章の引用からも知られるように、「悪性さらにやめがたし、心は蛇蝎のごとくなり」（『正像末和讃』）と告白している。それは自らを五逆・謗法の者と位置づけているわけではないが、『大無量寿経』第十八願文に救いがたい人間として名ざしされている「唯除」の機を深く見つめるものである。親鸞は、人間の救いがたい罪業性を凝視するなかから、阿弥陀仏の本願を唯一の有縁の法と仰ぐ。

人間は、それぞれの業を背負って生きている。わが身は、「自業自得の道理」（『正像末和讃』）ともいわれるように、いつでも孤立的である。金子大榮師は、もし修行に報いた仏身を報身というならば、われらの身は悪業煩悩に報いた身であり、業報身とも呼ばるべきものであるという。[22] その場合、一因一果的な意味での業報論に立つものではないことは言うまでもない。わが身の業は、いつも私が背負

うのである。

業論において、このような個別的な業は、不《ふ》共業《ぐうごう》と呼ばれる。そして一方、この不共業に対して、人間は業を同じくするという共業《ぐうごう》の思想が説かれる。たとえば私たちは他の人々とともに花を美しいと感じ、冬を寒いと感じる。ここに共業の所感といわれるものの一つの例がある。したがって私たちは、業論にも二方向があることに留意しなければならない。

親鸞において共業は、どのように感受され、表現されているだろうか。親鸞の法語をみると、「流転輪廻のわれら」「煩悩成就のわれら」（以上『高僧和讃』）、「よろずの煩悩にしばられたるわれら」（『唯信鈔文意』）あるいは「煩悩具足のわれら」（『歎異抄』）といった表現がみられる。「われら」という言葉に先立って、業苦を荷負するという意味の形容詞が置かれている。すなわち、われらはともに人生に苦悩している者であるという共感がその述懐の奥に底流している。

宿業を感覚するということは、たんにわが身の業（不共業）を受けとめるというだけではなく、自他を超えた業苦（共業）を感ずることである。親鸞はそういう仏者であった。親鸞の宿業観は閉塞的ではなく、開放的である。

> うみ・かわに、あみをひき、つりをして世をわたるものも、野やまにしゝをかり、とりをとりて、いのちをつぐともがらも、あきなゐをもし、田畠をつくりてすぐるひとも、たゞおなじことなりと。さるべき業縁のもよほさば、いかなるふるまひもすべしとこそ、聖人はおほせさふらひし。
> （『歎異抄』第十三章・真宗聖教全書二―七八四頁）

親鸞はこのように述懐したと伝えられる。業論によれば、衆生は、その業によって諸趣というあり方が決まるとされる。趣とは、いわば境遇である。しかし諸趣とは外相である。それ自身、業縁によって異相を示しているものにすぎない。右の一節の「たゞおなじことなり」という言葉には、無量の業を荷って共に苦悩の娑婆を生きている身であるという共業感（観）が言い表わされている。

「わが身」の自覚が不共業の身の自覚であるとすれば、「われら」の自覚は共業の身の自覚である。不共業の身の自覚が私の孤立性・点在性の自覚であるとすれば、共業の身の自覚は私の関係性・共在性の自覚である。親鸞が「地獄は一定すみかぞかし」（『歎異抄』）と告白するとき、親鸞は点在的人間として孤独のなかに身を置いている。一方親鸞が「いし・かわら・つぶてのごとくなるわれら」（『唯信鈔文意』）と呼びかけるとき、共在的人間として同苦のなかに身を置いている。不共業の身の自覚においても、共業の身の自覚においても、親鸞は徹底していた。

従来、親鸞の宿業観は、不共業の視点からのみ見られていた。それに対してこれを共業の視点から見て、〝親鸞の宿業共感の世界に眼を開け〟と道破したのは、承知のように、曾我量深師である。この曾我師の指教は、これまでの宿業論の蒙を啓いた頂門の一針である。どんな人にも本来的、根源的にそなわっている共通感覚は、仏教では、共業の身の自覚と表現される。「宿業の共感を開顕するところに大乗仏教が出てくる」と曾我師はいう。[23] この指摘は、大乗仏教的自覚の根底には、共生・共感の共業の身の自覚があるということを示している。その共業の身の自覚にこそ、他者を差別し、冷視する自分中心の生き方を破り、「相手の身」になって考える生き方の視点（＝始点）が見出されるのではないか。

四　宿業の倫理観

1　責任の自覚原理

私は自分がここに居てかしこに居ないということに、恐れと驚きを感じる。というのも、何ゆえかしこに居ないでここに居るのか、何ゆえかの時に居ないで現にこの時に居るのか、全然その理由がないからである。誰の命令、誰の指図によって、この時この所が私に当てがわれたのか？

（『パンセ』二〇五、松浪信三郎訳）

このパスカルの言葉は、誰もが懐く疑問を先どりしている。私はなぜ生まれたのか、なぜ男性（女性）なのか、なぜこのような気性なのか。そのような疑問が次々に湧き上がるとき、私たちは運命というものを想定せざるをえなくなる。そこには、すべて偶然というほかない事実がある。しかし人生のなかに、不幸な出来事が生ずるとき、人はその偶然のめぐり合わせを呪うことになる。運命は古今の文学の物語的主題である。

近代の文学を例にとれば、運命に翻弄される主人公を登場させ、運命の背後に大きな力、「内在的意志」といわれるものを想定したトマス・ハーディの作品などは、その一例として挙げることができるであろう。彼の小説に登場する人物たちにとって、運命は、どこまでも不条理な災難として外側から自己にふりかかってくるものである。運命の不条理に耐えて生き、最後に破滅へと導かれていく主人公の姿には、悲劇的な美しさがあり、作品全体がその悲劇性により荘厳なものとなっている。

「天」に対して何んにも悪いことはしていないのに、私にこんな拷問をかけるなんて、「天」もなんてひどいんでしょう。

（『帰郷』Ｖ・Ⅶ、大沢衛訳）

この一節は、作中人物ユウステーシァの発する歎きの声であるが、彼女の運命に対する被害者意識が強く表出されている。彼女は、すべての結果を「天」（＝運命の神々）に帰因させる。彼女の場合、状態は悪い方向へと次第に移っていったので、そこに何かデモーニッシュな不可視の「力」を予想しないではいられなかったのだろう。が、運命を超越的他者による自己への無意識的行為とみるかぎり、そこには不条理性がつきまとう。かつて英文学者の本多顕彰氏が、ハーディの運命観に共鳴した頃の自分を回顧して、「私は、つねに非は他人にあると思っていた。このような『善人』ぐらい度しがたいものはない」と述懐されたのはゆえなしとしない。(24)

一般に私たちは、運命を宿業と同一視する。ある意味において、宿業観も運命の実相観といえるかもしれない。が、運命が、「人間の意志にかかわりなく、身の上にめぐり来る善悪・吉凶。人生諸般の出来事が必然の超人間的偉力によって支配されているという信仰または思想に基く」（『広辞苑』）と説明されているように、外在的なものの自己への影響という意味を伴うのに対して、宿業はどこまでも現在の結果に発現する過去の内在的な因縁という意味をもつ。運命の文学が呪いに満ちているのに対して、親鸞の宿業観には呪いの影はない。

宿業は、深い自己の受けとめであり、〈機の深信〉の信仰的自覚である。それは、自己の存在の深み、あるいは重さへの感覚である。そこには「さるべき業縁のもよほし」によって、いかなる振る舞いもする自己の全責任感がある。この全責任の自覚において、親鸞は弥陀の本願を全身で謝念する。

再度引用することになるが、

聖人のつねのおほせには、弥陀の五劫思惟の願をよくよく案ずれば、ひとえに親鸞一人がためなりけり。さればそれほどの業をもちける身にてありけるを、たすけんとおぼしめしたちける本願のかたじけなさよ。

という感銘ぶかい告白が伝えるように、親鸞は自己一人のうえに「それほどの」業を荷負し、この宿業を挙げて本願に帰依する。[25]親鸞の宿業観は「深い責任感」の自覚である。[26]以上のことからすれば、宿業観は、責任の自覚原理とも言うことができるであろう。

2　分限の自覚

宿業の信仰的自覚を指教した古典として『歎異抄』のもつ意義は大きい。この書の信仰的意義を近代に再発見した先駆者は、承知のように清沢満之である。清沢は、生涯、次から次へと遭遇する悲劇的な出来事を呪うことなく、逆に運命愛ともいうべき態度で受けとめていった。彼は宿業という言葉は用いていないが、彼のいう全責任の自覚は、『歎異抄』の指教する宿業観と通底する。

清沢が『歎異抄』の説く宿業観＝全責任の自覚に大きく見開かれていく過程で、『エピクテタス語録』との出会いが果たした役割は決して小さくなかったと言わなければならない。清沢は、肺患の人生を通して人間としてのおのれの限界に突き当たる。そのような情況のなかでたまたま親友沢柳政太郎の書架に見つけた書が『エピクテタス語録』であった。本書によれば、人間には「如意なるもの」と「不如意なるもの」とがあり、前者に対して人間は自由であり、後者に対しては人間は不自由であるとされる。この「如意なるもの」と「不如意なるもの」との分限を諦観することにより、所与の境遇に安んじ、自由に生きよ、とエピクテタスは明示する。清沢は、本書の説く分限の自覚によって、苦難の現実を諦観し、さらにこれを水路として『歎異抄』の説く他力の救済へと導かれていく。(27)

ところで『エピクテタス語録』が示す分限の概念は、現代にどのようなものとして見出すことができるだろうか。私は、たとえばカール・ヤスパースの「限界境位」(Grentz-situation)の概念にその例のひとつを見ることができるように思う。ヤスパースは、その『悲劇論』(28)のなかでソフォクレスのエディプス、シェイクスピアのハムレットを例に引いてこれを説明する。テーバイの支配者であるエディプスは、まったく知らないままに父ラーイオスを殺し、母イオカステーと結婚する。父殺しの犯人を捜したエディプスは、予言者により自分自身がそのほかならぬ犯人であることを知らされる。事が明白になると、イオカステーは縊死し、自らはおのれの眼球をくり抜いてしまう。エディプスは、二人の娘アンティゴネーとイスメネーによりかかって亡命する身となる。

ハムレットもまたデンマークの呪われた王子として生まれ、正義とヒューマニズムに立って人生を懐疑する。ハムレットは、叔父のクローディアスが父を毒殺したことをその亡霊に知らされ、復讐を決意する。しかし誤って恋人オフェリアの父をクローディアスと間違えて刺し殺してしまう。オフェリアは狂乱して自殺し、やがてハムレット自身も毒杯を仰いで死ぬ。

ヤスパースによれば、この悲劇の比喩に表現されているのは、そもそも人間というものの置かれている状況である。この状況こそ、限界境位といわれるものであろう。この限界境位の概念について、武内義範氏は、それは原始仏教の苦の観念に非常に近いと指摘する。(29)ヤスパースは、人間の罪業性を強調し、自分の現存在そのものが厄災を惹き起こすと考え、この思想を代表するものがインドの宗教であると言明する。インドでは、この人間観に立って、歩くごとに、また呼吸するごとに、微生物を殺す人間の罪業性の深さが強調されるのである。承知のように、ヤスパースは『仏陀と龍樹』を著している。ここにはインドの宗教への憧憬が見出されるようである。玉城康四郎氏によれば、ヤスパースは、生そのもののなかに生以前の問題が強く支配していることを問うたのであり、その見解に仏教の宿業観に類似したものがあるという。(30)

もちろんヤスパースの限界境位の概念を『歎異抄』の宿業論に直截に結びつけるのは問題があるであろう。両者は、意味の文脈が異なるからである。『歎異抄』の宿業論の基底には善導の二種深信の教示がある。しかし見ようによれば、『歎異抄』は、その全体が、人間の分限からの逸脱を警告した書ではないか。とりわけ第十一章から第十八章までの各章、いわゆる歎異篇は、そのように見ることができるのではないだろうか。了祥は、この歎異篇は、自力作善の計《はからい》（専修賢善計）と一念義の計（誓名別信計）をともに批判したものであると解釈している。(31) この解釈に従えば、『歎異抄』のライト・モチーフは、人間の分限から逸脱した念仏者たちの現状を具体的に明示し、自己の本分に帰れと警告するところにある。この文脈のなかで、分限の自覚へと人々を結集する鍵語、すなわち宿業の二字はそれをもっとも象徴的に表わしていると言っていいであろう。

3　倫理としての宿業

『歎異抄』は、仏教の宗教的地平を明らかにした書である。そこに本書がもった大きな意義がある。

一般に仏教といえば、廃悪修善を説く道徳教とされ、その説明として庶民には数々の因果応報譚が寺の法座や説教本を通して語られた。『歎異抄』は、仏教の道徳教的な一般の受けとめに対して、仏教の別な見方を呈示する。それは、賢善精進批判に窺われるように、末法無戒の世の人間の凡夫性を曝き、倫理の限界へと覚醒させる。そしてそのことを通して、ひとえに阿弥陀仏の本願に帰すべきことを指教する。ここに本書の戦略があると言ってよいであろう。

その『歎異抄』の救済観を端的に示すのは、悪人正機の思想である。この思想の根底にあるのは二種深信である。〈機の深信〉における自己凝視とそれによるおのれの限界性の自覚は、ただ憑むべきは阿弥陀仏の本願であるという〈法の深信〉へと導く。ここに『歎異抄』は弁証法的な信仰のありようを様々な表現で示してくる。『歎異抄』の宿業論は、この弁証法的な構造をもった信仰のなかで展開する。人は、〈機の深信〉において、自己の罪悪が深い過去の因縁によると教えられる。しかし宿業の自覚は、そのことで完結しない。宿業の身の自覚は、自己を放棄するのではなく、逆にそのような自己を荷うことの自覚である。ここに〈法の深信〉の意義がある。人は、この二種の深信において新しく出立するのである。すなわち「個」として誕生するのである。したがって、たんに罪悪生死の凡夫たる否定的自己の信知にとどまらず、そのような自己を荷う全責任の自覚にまで至って、はじめて宿業を総体的に受けとめたことになる。『歎異抄』は、この宿業論において、私たちを自律の道へと導く。すでに近代インド仏教の復興者であるアンベードカルは、

カルマの法則は全般的道徳的秩序の問題に関与するのであり、個々人の運不運とは本来何の係わりもないのである。それは世界の道徳秩序の維持に係わるが故にダンマの一部なのだ。

と言っている。[32] 業論は、人間にあきらめを強いる宿命論ではなく、人間が生きるための道徳的秩序を説くことを主目的とするといわれる。彼の業論には、業を倫理を説くための方便であるとする見方がある。私は、彼の見方を仏教の業論として支持したい。彼の業論は、『歎異抄』の宿業論の場合にもあてはまるであろう。ただ『歎異抄』の宿業論には、罪悪生死の凡夫としての自己の森厳な受けとめがある。『ブッダとそのダンマ』を読むかぎりでは、アンベードカルには、このような自己の深刻な受けとめは見出せない。

いずれにせよ、業・宿業の厳粛な受けとめから成り立つ倫理観は、日本古来の倫理観と較べるとき、そこに際だった隔たりを見出すことができるであろう。では日本古来の倫理観はどのような基礎の上に成り立っているのか。たとえばこれについて、日本文化の構造と特質の解明に貢献した九鬼周造（一八八八～一九四一）の次の言葉が注意される。

日本の道徳の理想にはおのづから自然といふことが大きな意味を有っている。……「みづから」の「身」も「おのづから」の「己」もともに自己としての自然である。自己と自然とが峻別されず道徳の領野が生の地平と理念的に同一視されるのが日本の道徳の特色である。[33]

九鬼によれば、日本の倫理観の基礎にあるものは「自然」である。ここでいう「自然」とは、弥生文化時代以来の日本的天地自然《しぜん》であって、『大無量寿経』にいわゆる業道の自然《じねん》として説かれるような仏教的自然ではないであろう。自己を天地自然と同一視することのなかから生まれる倫理観は、人間業の凝視とこれに基づく罪悪観から生まれる倫理観とはおのずから大きく異なるものがある。前者には、「身を鴻毛《こうもう》の軽き」におき、自己を木や石のように無化していく立場から出てくる自己放棄的な倫理観がある。[34] 一方後者には、自己の重きいのちの受けとめのなかから生まれてくる「個」の倫理観がある。キリスト教の原罪の思想にも似た宿業論においてこそ、真の意味での自己責任の立場が出てくる。そこに宿業の倫理ともいうべきものがあるのではないだろうか。

業と廻向――むすびに代えて

重苦しい生存在の現実は、自らが絆によって縛られているという観念を生む。インドにおける業報輪廻の宗教的観念は、民衆の心に深く浸透し、未来への畏怖心を植えつけた。業論は、一般に、人間が三世の鎖に繋がれて、自由が束縛される思想と把えられる。因果の鎖は未来永劫にわたるがゆえに、生前に善根功徳を積んで、死後によりよい生処に往くべきことが説かれる。業報輪廻は人間の運命と把えられ、これから解脱するために様々な苦行が実践された。

仏伝からも知られるように、釈尊はそのような苦行を放棄した。しかし仏教は、業報輪廻の汎インド的な観念を人間苦の現実を説明する教説として取り入れた。その教説は、たとえば惑―業―苦の三道において示される。仏教において業苦の現実から解脱する様々な道が説かれたが、とくに大乗仏教において大きな意味をもったのは、廻向の思想であろう。梶山雄一氏は、廻向の思想は小乗仏教の末期に芽生えたが、その思想を宗教の核心としたのは大乗仏教であると言い、さらに、

廻向の思想は、業報輪廻に固く束縛され、世の動乱の苦難にあえぎながら、救済への道を閉ざされていた北インドの民衆を解放するためにあらわれた宗教改革の思想であった。そしてその革新

思想は、論理的には、空の思想に根拠づけられていた[35]と指摘する。この場合、空の思想とは縁起の思想と言ってもいいだろう。指摘されるように、大乗仏教の廻向の思想において、業報輪廻を超える論理が成立する。起悪造罪を避けることのできない民衆は、インド古来の実体的業報観に立つかぎり、未来の善処は期待できなかった。そのような民衆の畏怖心に対して、彼らを業報輪廻の呪縛から解き放ったのが廻向の思想である。そしてこの思想は、現実には、有徳の者が、自らの善根や功徳を自分のためにではなく、他人や人間以外の生物の幸せを願って振り向けるという形をとって現われる。

これを浄土教の文脈でいえば、『浄土論』に、安楽国土に往生するための行として五念門が説かれるが、その最後の廻向門が注意される。世親（天親）によれば、その廻向はつぎのように解釈される。

云何んが廻向するや。一切の苦悩の衆生を捨てずして、心に常に作願《さがん》すらく。廻向を首として、大悲心を成就することを得るが故にと。（『浄土論』「起観生信章」・真宗聖教全書一―二七一頁）

礼拝などの五念門行を実践する善男子・善女人は、一切の苦悩する衆生に対して、その菩提・涅槃のために廻向する。ここに利他の立場が明瞭に示されている。そして次に論の後半において、さらに五念門全体を一括して、修するところの善根功徳を、ふたたび一切の苦悩の衆生のために廻向すると説かれる。これを世親は「巧方便廻向《ぎょうほうべんえこう》」と名づける。

何者か菩薩の巧方便廻向。菩薩の巧方便廻向とは、謂わく、説きつる礼拝等の五種の修行をして集むる所の一切の功徳善根をもて、自身住持の楽を求めず、一切衆生の苦を抜かんと欲するが故に、一切衆生を摂取して、共に同じく彼の安楽仏国に生ぜんと作願す。是を菩薩の巧方便廻向成

就と名づく。　（『同』「善巧摂化章」・同二七五頁）

起観生信章に説かれる五念門の主体は善男子・善女人であるが、ここでその廻向の主体が実は菩薩であるということが明瞭になる。右の一節をみても明らかなように、ここに説かれる廻向の内容は、さきの五念門のなかの廻向門の内容とほぼ同じである。起観生信章では、善男子・善女人が五念門のひとつとして廻向すると説かれたが、いまこの善巧摂化章では、菩薩は五念門の全体を挙げて、一切の苦悩の衆生を救わんとして、自身住持の楽（自利）を求めることなく、己れの功徳善根を廻向すると説かれるのである。菩薩は、徹底した自己否定の精神に立って、大悲廻向の利他行に邁進するといわれるのである。

　では現実に、廻向の思想は具体的な場でどのように実践されたであろうか。古来、有徳の僧が善根功徳を廻向して、苦業に沈む衆生を解脱せしめたという幾多の物語が伝承されている。日本でもそのような伝承譚は少なくない。たとえばすでに一瞥した『日本霊異記』には、悪報譚とともに、行基などに代表される有徳の僧が民衆に功徳を施して済度するといった善報譚が収録されている。編者の景戒自身も「願はくは、此の福《さいはひ》を以て群迷に施《せ》し、共に西方の国に生まれんことを」という言葉で本書を結んでいる。ここに廻向の実践として本書が編まれたことが窺われる。

　このような廻向の思想は、文学作品のなかにも見られる。その例としては、たとえば能楽の作品が挙げられよう。私はたまに、能を鑑賞する機会に恵まれることがある。能楽の作品には様々なモチーフと構図があるが、その舞台で人間苦の現実は、幽玄な詩趣のなかに表現される。能の演目のなかに夢幻能といわれる形式がある。旅僧の夢のなかに亡霊や神霊が登場し、のちにその本体を現わして、神ならば人の世をことほぎ、武士ならば修羅道のさま、優艶な女性ならば愛憎や地獄の呵責などを演じてみせるものである。世阿弥によって完成されたというこの夢幻能では、亡霊から迷いの来歴を聞いた旅僧が、経を廻向して、亡霊を業の繋縛から解脱させる場合にしばしば出会う。旅僧は、自らの修行によって、修善を積み、その修善の功徳を廻向することによって、故人の冥福菩提を祈り、業の繋縛から済度するのである。

廻向の思想は、このようなポピュラーな形をとって、古代以来、日本では表現されてきた。そしてこの大乗仏教の廻向思想を、さらに根源にまで奥深く掘り下げて解釈したのが親鸞と言っていいであろう。親鸞において廻向の論理は一転している。親鸞は、自らが宿業の身であると自覚せしめられるところに仏智のはたらきを内観し、そこに本願の廻向心を見さだめる。親鸞の信仰は、深い宿業観と本願の内観との重層性のなかにある。それは端的に二種深信と言うことができる。

蛇蝎《じゃかつ》奸詐《かんさ》のこゝろにて　自力修善はかなふまじ
如来の廻向たのまでは　无慚无愧《むざんむき》にてはてぞせん　（『正像末和讃』・真宗聖教全書二―五二八頁）

自ら修善を積むことに絶望する〈機の深信〉の自覚において、親鸞は阿弥陀如来の本願力廻向に帰依する。そこに〈法の深信〉の自覚がある。親鸞において、廻向の主体は、自己から阿弥陀仏へと転換する。自己は、廻向の主体ではなく、廻向の客体である。親鸞は、無始以来の業流転の歴史を歩んできたこの宿業の身こそ、本願の正機であると見さだめる。そのことは、本願の正機であるという〈機の深信〉の自覚において、親鸞の人格が成立したことを意味する。「人格」を表わす英語のパーソナリティの語源である「ペルソナ」(persona) は、もともと「超えて響く」ということを意味するといわれる(36)。これを浄土教の文脈に即していえば、本願の呼び声がわが身に「超えて響く」ということが、私が「人」(パーソン)として成就するということになるのではないか。

承知のように、『大無量寿経』の下巻冒頭の本願成就文に、

諸有衆生《しょう》　聞其名号《もんご》　信心歓喜　乃至一念　至心廻向　願生彼国　即得往生　住不退転　唯除五逆　誹謗正法。

(『仏説無量寿経』下巻・真宗聖教全書一―二四頁)

と説かれる。右の文は、一般に、

あらゆる衆生、その(無量寿仏の)名号を聞きて、信心歓喜し、ないし一念せん。至心に廻向して、かの国に生れんと願わば、すなわち往生することをえて、不退転(の位)に住すればなり。ただ、五逆(の罪を犯す者)と正法を誹謗するものとを除く。

(『浄土三部経』上・岩波文庫一八六頁)

と訓読される。ところが親鸞は、

あらゆる衆生、其の名号を聞きて、信心歓喜せむこと、乃至一念せむ。至心廻向したまへり。彼の国に生まれんと願ずれば、即往生を得、不退転に住せむ、と。

(『教行信証』信巻・真宗聖教全書二―七一頁)

と読み下している(「唯除」の文はここでは省かれている)。右の訓読で注意されるのは、原文の「至心廻向」の四文字について、「至心に廻向して」というオーソドックスな訓み方によらず、「至心廻向したまへり」と独自の訓読を施していることである。この訓み方には、衆生が阿弥陀仏に向けて廻向するのではなく、阿弥陀仏が衆生に向けて廻向するという関係が表われている。親鸞は、廻向する主体

を、衆生から仏へと逆転して、至心廻向の四文字を訓読しているのである。

親鸞のこの至心廻向の読み方を宿業観との関連で言えば、「諸有衆生」と右に説かれる諸有（二十五有）に流転する衆生は、阿弥陀仏の本願力廻向のはたらきにおいて、宿業から自由になり、業縁から解放されるということになる。親鸞は、曇鸞の『讃阿弥陀仏偈』を憶念して四十八首の和讃を造り、阿弥陀仏とその浄土を讃歎しているが、その一首に、

道光明《みょうろう》朗超絶せり
　清浄光仏とまうすなり
ひとたび光照かふるもの
　業垢をのぞき解脱をう

（『浄土和讃』讃阿弥陀仏偈和讃・真宗聖教全書二―四八七頁）

と歌っている。光のはたらきによって業垢から解脱するという。この光のはたらきは、そのまま阿弥陀仏の本願力廻向のはたらきである。そしてそのはたらきに遇うということは、具体的には念仏申すことである。親鸞は、私たちが念仏申すことにおいて、業苦から解放されるのだと教示する。

念仏者は无碍《むげ》の一道なり。そのいはれいかんとならば、信心の行者には、天神・地祇も敬伏し、魔界・外道も障碍することなし。罪悪も業報を感ずることあたはず、諸善もおよぶことなきゆへなりと云々。

（『歎異抄』第七章・同七七七頁）

念仏の一道に立った信心の行者は、本願の廻向をたのむことにおいて、自らの宿業を勇気をもって荷負しつつ、同時に業報の畏怖心から解放される。信心の行者は、私たちの原始的心性ともいうべき応報思想の抑圧から解放され、雄々しく立ち上がった金剛心の行人《ぎょうにん》である。その心の平安に立つがゆ

えに、信心の行者は、未来への不安から解放され、現在という大地に真に立つことができる。いわば不退の生、不退道を歩む独立者となるのである。親鸞のいわゆる現生不退の内実を、私たちはここにみることができる。

註

（1）Paul Tillich "*Theology of Culture*" (Oxford University Press) 1959, p68
（2）John Ross Carter (edit.) "*Of Human Bondage and Divine Grace-A Global Testimony-*" (Open Court) 1992
（3）Mircea Eliade "*Images et Symboles*" (Gallimard) 1952, renouvelé 1980, p120・前田耕作邦訳『イメージとシンボル』せりか書房、一九七二年、一二七頁
（4）小島恵見編『新編　成唯識論』中山書房、一九七〇年、二一二頁
（5）参照『岩波仏教辞典』岩波書店、一九八九年十二月、四〇四頁
（6）松原祐善先生によれば、この宿業因縁の語は、『涅槃経』（北本巻三四・南本巻三一）に見出されるという。（「真宗の宿業観」『松原祐善講義集』第四巻、文栄堂、一九九二年、二二五頁）
（7）親鸞の「業」という語の用法については、すでに多くの先学の研究がある。その先駆けとしては、桜部建「『業』――親鸞聖人の言葉遣い」（大谷大学編『親鸞聖人』一九六一年所収）を挙げることができる。ただし本論文では、『歎異抄』は、『口伝鈔』と同じように親鸞の言行録であるとして、その用例を考察の対象から除外している。
（8）参照妙音院了祥『歎異抄聞記』法藏館、一九七二年
（9）註（8）前掲書一三九頁
（10）寺川俊昭先生は、「親鸞聖人にこの言葉が適切なものではないという了解があり、だからその使用を意識して

避けたのではないかと、考えざるを得ない」と指摘されている（「自由の主体——親鸞聖人における〝宿業〟の思想」『真宗の教学における宿業の問題』、真宗大谷派教学研究所編、一九九三年、三二三頁）。

(11) 梅原猛『地獄の思想』中公新書134、中央公論社、一九六七年

(12) William R. La Fleur "*The Karma of Words*" (University of California Press) 1986

(13) 『日本霊異記』の理解については、中村恭子『霊異の世界』（日本の仏教2、筑摩書房）、広川勝美「罪悪観の成立——日本霊異記の原理——」『神話・禁忌・漂泊』（桜楓社所収）に示唆を受けた。

(14) 『浄土宗略抄』の宿業観については、広神清「鎌倉・室町期の浄土教と運命観」『季刊日本思想史』一九八九年、No.32（ぺりかん社）に多く教えられた。

(15) インドの「不可触民の父」と仰がれ、インドに仏教を復興するという仕事に生涯を捧げたアンベードカル（一八九一～一九五六）によれば、仏教の業論は道徳論であり、決してヒンズー教義の前世カルマ論と同一視されてはならないといわれる。参照 B. R. Ambedkar "*Buddha and His Dhamma*" (Bombay Shiddharth Publication) 1957, p242・山際素男訳『ブッダとそのダンマ』三一書房、一九八七年、二三九頁

(16) その例は、近藤祐昭氏が発掘した『非人教化』にみられるように、了祥のような秀れた宗学者においても行われたのであり、釈尊の四姓平等の思想に逆行するような言説が、宿業の論理を用いて流布されたのである。参照近藤祐昭「了祥『非人教化』について」『部落差別と真宗の課題』永田文昌堂、一九八三年所収。

(17) 石尾芳久氏は、笠原一男氏が近世において『日本霊異記』の因果論がリバイバルしてきたと指摘したのを受け、それは宿業論という呪術観念が復活したことを意味し、これによって幕藩体制の専制主義的支配に本願寺が迎合したという説を呈示されている（『差別戒名と部落の起源』京都松柏社、一九八二年）。

(18) 安田理深『人間像と人間学』文栄堂、一九八九年

(19) 舟橋一哉『業の研究』法藏館、一九五四年、二〇二頁

(20) ある山伏行者は、「祈りを唱えていても、山を下りたら、スナックに行こうとか、ウナギの蒲焼きが食べたいと思う。修行しても、ちょっとも人間変わらない。修行で悟りが開けるくらいなら苦労はしないよ」と述懐している。（『週刊朝日』一九九五年四月二八日号グラビア）このように率直に告白しながら、修行を続けている人の

姿は尊い。

(21) 法然は、東大寺を炎焼させ仏敵と非難された平重衡など、罪悪者を多く念仏によって済度した。そしてその著述のなかに第十八願文を引用するとき、「唯除五逆誹謗正法」の抑止文を省く。それは、「唯除」の文が実質的には意味をもたないと認識されたからかもしれない。
(22) 金子大榮『教行信証総説』百華苑、一九六四年、一三四頁
(23) 曾我量深『大無量寿経講義』曾我量深講義集第三巻、弥生書房、一九七八年、一三八頁。なお、舟橋一哉氏は、註(19)前掲書一八八頁において「『共業』を立てることは、仏教本来の立場からは許されるべきではないと思う」といわれる。この場合は、大乗仏教以前の立場に立っての見解であろう。
(24) 本多顕彰『歎異抄入門』光文社、名著愛蔵、一九九五年、三四頁
(25) 「それほどの」（蓮如本）は多くのという意。大谷大学本では「そくばくの」であるが意味は同じ。
(26) 曾我量深「仏土不思議」『教行信証内観』・曾我量深講義集4、弥生書房、一九七九年、一五七頁
(27) 曾我量深「愚禿親鸞」・同講義集11、一八〇頁
(28) 『悲劇論』ヤスパース選集Ⅲ、理想社、一九六〇年
(29) 武内義範『親鸞と現代』中公新書、一九七四年、九一頁
(30) 玉城康四郎、参照『仏陀と龍樹』ヤスパース選集Ⅴ、理想社、一九六〇年「あとがき」一
(31) 妙音院了祥前掲書
(32) アンベードカル前掲書、p.173、邦訳一七二頁
(33) 九鬼周造『人間と実存』岩波書店、一九三九年、三〇五頁
(34) 相良亨「『自然』形而上学と倫理」『誠実と日本人』ぺりかん社、一九八〇年。本論文において日本的自然観に基づく倫理観のもつ問題性が追求されているので参照して頂きたい。
(35) 梶山雄一『「さとり」と「廻向」』講談社新書、一九八三年、一六二頁
(36) 英語のpersonalityは、ラテン語のpersona（ペルソナ）に由来する。これは、per(through)-sonae(speak)の名詞形で、もとは劇などで使われた仮面の意味であったが、その後意味が次第に変化し、今日使われている人

格の意味になった。参照『精神医学事典』弘文堂、一九七五年、三一九頁

第七章　親鸞における恩寵と責任の概念

はじめに

この部会において私に与えられているテーマは、「恩寵（他力）―責任―エートス」です。これら三つの中で、恩寵は、そこから責任とエートスを生み出す源泉です。特にキリスト教においては恩寵が信仰の眼目であり、非常に重要な意味をもっています。しかし、あらゆる宗教は恩寵という概念を共有しています。ちょうど神学者であるジョン・ロス・カーター（John Ross Carter）氏が、彼の編集した本、『人間の絆と聖なる恩寵――世界的証明』[1]において試みたように、異なる諸宗教の間でその意味するところを考えてみることができると思われます。

この点で、恩寵は浄土真宗の伝統において何を意味するのでありましょうか。もし一言で言うなら、恩寵は本願によって浄土があらゆる人間に開示されているという事実を意味するでしょう。

すべて、よきひと、あしきひと、とうときひと、いやしきひとを、無碍光仏の御ちかいには、きらわず、えらばれず、これをみちびきたまうをさきとし、むねとするなり。真実信心をうれば実報土にうまるとおしえたまえるを、浄土真宗の正意とすとしるべしとなり。

（『唯信鈔文意』[2]）

本願はあらゆる人間を浄土へと導く呼びかけであり、用《はたら》きです。そのため、親鸞によって、浄土真宗の七高僧の第三祖に数えられている中国北魏後半から北斉時代直前にかけての人・曇鸞（四七六～五四二）は、この用きを他力（自己を超えた仏力）と呼びました。この救済をもたらす真理にこそ、阿弥陀の恩寵があります。しかし、『教行信証』信巻に「恩寵」という語そのものは引用文のなかに一回みられますが、阿弥陀の恩寵を意味するような同義語を親鸞の用例に見出すことはまったくできません。あえて一語を選ぶとすれば、おそらく「恩徳」がもっとも近いでしょう。恩徳は仏教特有の概念であるだけでなく、日本人の精神生活を豊かにしてきた重要な概念です。恩という漢字は因と心から成る複合語です。したがって、恩を知るとは現在の状況の因となったものを深く心に留めることです。西洋において、恩の同義語を見出すことはできないといわれます。英語の favor、grace、kindness、blessing といった言葉には、恩と似かよった含蓄がありますが、厳密に同じではなく、またドイツ語やフランス語には恩の同義語はまったくないといわれます。東洋においてすら、恩に相当する概念は稀少です。儒教はあまり恩についていわず、神道はまったく言及しません。

仏教では恩は不可欠です。如来は三徳――智徳、断徳、恩徳《おんどく》――を具えるといわれておりますが、親鸞教学は如来の恩徳を軸にしています。恩徳は本願と教説を含んでいます。親鸞によれば、我ら悪人を生死の大海から解脱へと導く道は阿弥陀如来の本願以外にはありません。ここに親鸞が知恩の重要性を強調する理由があります。

親鸞は、また報恩という名のもとにも、恩徳に報いることの重要性を強調しています。親鸞の報恩という概念は、責任意識に繋がるように思われます。彼の宗教活動はこれに動機づけられています。

親鸞は弥陀・釈迦二尊と七高僧の広大な恩徳に報いなければならないという責任を一心に感じていました。それゆえ彼は、恩徳に報いることに生涯の情熱を注いだのです。

この恩徳に報いるということは、さまざまな態度を生み出しました。たとえば、もしM・ウェーバー（Max Weber）の「エートス」（Ethos）という概念を借りるならば、恩徳に報いることは真宗のエートスに関係すると考えることができます。そして謝恩が真宗のエートスの源泉です。

恩徳が真宗門徒の信心に対して意味することと、恩寵がキリスト教の信仰に対して意味することとは似ています。したがって、アルフレッド・ブルーム（Alfred Bloom）氏の、おそらく初めて、浄土真宗を本格的に西洋に紹介した画期的な本が『親鸞の清らかな恩寵の福音』(3)と題されていたのは、ある意味で、自然なことだったのです。そこで、この分析において、私は以下に示す三つの言葉をキーコンセプトとして用いたいと思います。

知恩……恩徳を覚知する

報恩……恩徳に報いる

謝恩……恩徳に感謝する

キリスト教と仏教の比較研究は私の能力を超えているため、もし「恩寵（他力）―責任―エートス」が意味していることを正しく理解していなかったなら申しわけなく思います。しかし、少なくとも、以下に示したことを前提として、問題となっているテーマのいくつかの部分には応えたいと思います。

プロテスタント神学　恩寵―責任―エートス

浄土真宗　　知恩―報恩―謝恩

親鸞の人生は恩を軸としています。本願寺第三代の覚如（一二七〇～一三五一）は親鸞の最期を次のように描写しています。

聖人弘長二歳　壬戌　仲冬下旬の候より、いささか不例の気まします。自爾以来、口に世事をまじえず、ただ仏恩のふかきことをのぶ。声に余言をあらわさず、もっぱら称名たゆることなし。しこうして同第八日午時《うまのとき》、頭北面西右脇に臥し給いて、ついに念仏の息たえましましおわりぬ。時に頽齢九旬に満ちたまう。（『御伝鈔』(4)）

覚如は「ただ仏恩のふかきことをのぶ」と伝えています。仏の恩徳に対する謝念は、彼の宗教体験の根本において、人生を一貫して明らかです。あらゆる著作、あらゆる言行録において、親鸞が恩徳に目覚め、恩徳に報い、恩徳に謝することを非常に強調していることが注目されます。親鸞の恩徳の経験は、基本的には原型的であり、それは持続し、繰り返されることを必要とします。換言すれば、親鸞の恩徳への態度は精神的伝統として、真宗の歴史において受け継がれたのです。

一　知恩

仏教者は知恩について多く言及しています。例えば龍樹は次のように述べています。

恩を知ることはこれ大悲の本なり（中略）恩を知らざるをば畜生と名づく。（『大智度論』巻四九(5)）

仏教は中国に入ってから、知恩の重要性を強調しました。中国人は、たとえば父母、如来、そして師の恩を説く『正法念処経』や、父母の恩、衆生の恩、そして三宝の恩に加えて国王の恩を説く『大乗本生心地観経』といった漢訳経典や典籍を歓迎しました。

ここに説かれている四恩は日本でも大切にされ、奈良、平安、そして鎌倉時代の仏教者はこの四恩を提唱しました。恩の概念は日本人の倫理観を形成しています。そこに特徴的なのは恩の考え方は言葉では表現しにくく、かつ多面的なので、西洋において同義語を見出すのが容易ではないということです。著名なアメリカの人類学者であるルース・F・ベネディクト（Ruth Benedict 1887~1948）は、英語に恩の同義語を見出すことができないと述べています[6]。

四恩の教えは日本人の精神生活に大いなる影響を与えてきました。それでは、親鸞はどのようにして恩を感得したのでしょうか。大変に興味深いことに、親鸞は『心地観経』の四恩の教説を一度も引用しません。親鸞は世間的な立場で説かれている父母の恩、教師の恩、王の恩にはまったく触れず、ただ浄土の教えと出遇った喜びにおいて、出世間的な立場で仏の恩と師の恩を強調するのです。

ここで私は、親鸞が恩を表白している言葉を『教行信証』から抜き出したいと思います。

> 真宗の教行証を敬信して、特に如来の恩徳の深きことを知りぬ。ここをもって、聞くところを慶び、獲《う》るところを嘆ずるなりと。　（『教行信証』総序）[7]
>
> 誠に仏恩の深重なるを念じて、人倫の哢言《ろうげん》を恥じず。　（『教行信証』別序）[8]
>
> 深く如来の矜哀《こうあい》を知りて、良《まこと》に師教の恩厚を仰ぐ。（中略）ただ仏恩の深きことを念じて、人倫の嘲《あざけ》りを恥じず。　（『教行信証』後序）[9]

一般に英語の翻訳者はこの「恩徳」・「恩厚」・「仏恩」に対して benevolence という訳語をあてて

いますが、ここに見られるように、親鸞は仏と師の恩をともに強調しています。この点で、恩は世間的な次元を超えた、絶対的かつ超越的な恵みであるということができます。周知のように、カール・バールト（Karl Barth 1886~1968）は親鸞の仏教者としての立場、あるいは真宗を、彼の著書である『教会教義学』〈第一巻の二〉[10]において「恩寵の宗教」（the religion of grace）と捉えました。これについてガレン・アムスタッツ（Galen Amstutz）氏は次のように指摘しています。[11]

> バールトは自ら、真宗という現象を大変に真剣にとりあげた。それは、（真宗が）同じように「恩寵」の教義を説くインドの信仰（bhakti）的伝統よりも、自らのキリスト教に、その精神において近いということからではなかった。それはあらゆる世界の諸宗教のなかで、ただ真宗のみが、究極のそしてユニークな恩寵の宗教として、自ら考えるキリスト教に直接に挑戦する（ただ、結局のところ、イエス・キリストが最高の真理なのであるけれど）と認めたからであった。

クリスチャンが親鸞の著作を読むと、同じような印象を受けるでしょう。親鸞は、ひとえに他力（自己を超えた仏力）・阿弥陀仏の慈悲に依ると同時に、あらゆる自力（万行諸善の努力）の実践を捨てて念仏申すことにおいて、すべての人が救済へと導かれるという新しい救済論を明らかにしました。阿弥陀の大悲による救済は、クリスチャンに神の愛による救済を想起させるでしょう。バールトには真宗を「日本のプロテスタント」と呼ぶ、十分な理由があったと思われます。

親鸞は二十九歳のとき、本願に回心し、二十年間にわたる比叡山での自力の実践を捨てました。彼は次のように述べています。

> しかるに愚禿釈の鸞、建仁辛《かのと》の酉《とり》の暦、雑行《ぞうぎょう》を棄てて本願に帰す。
> （『教行信証』後序）[12]

彼は本願の恩徳に目覚め、自力によってではなく、本願力に支えられることによって、自身が救われうるということに気づいたのです。

無始流転の苦をすてて　無上涅槃を期すること
如来二種の回向の　恩徳まことに謝しがたし
（『正像末和讃』(13)）

親鸞は深い感謝の念をもって、阿弥陀の恩徳、benevolenceを讃嘆しています。

二　報恩

仏教の責任観を考えるとき、業という概念が大きな役割を果たしていることが注意されます。業の教えは、仏教でも共有された汎インド的な概念です。仏教以前からインドには「善因楽果・悪因苦果」という道徳律があります。これは「自分で蒔いた種は自分で刈らなければならない」という業の、動かすべからざる法則を表わします。業の教えは、われわれは自分の為した行為に対して責任があるということであり、これは人間の責任感を深めさせる教説です。親鸞が仏教者として、このような業の自覚をもっていたことは疑う余地がありません。しかし彼は眼を自身の内に向けるとき、悪業以外には何も見出すことができなかったのです。そこに彼の歎きがあります。

悪性さらにやめがたし　こころは蛇蝎《じゃかつ》のごとくなり
修善も雑毒なるゆえに　虚仮の行とぞなづけたる
（『正像末和讃』(14)）

過去の悪業を担うことを自分の責任と感じたなら、我々は未来に涅槃に至るという希望もなく、生死に流転するでしょう。ならば、私たちはどうすれば悪業の重荷を降ろすことができるのでしょうか。法然上人は阿弥陀の本願力の大慈悲に、ひとえに依ることを勧めています。彼は業からの解放の道は念仏申すことによって自分を本願にゆだねるところにあるということを明らかにしました。彼は、われわれのように業の深い者が成仏できるとすれば、それはただ本願力の助けによってのみであると述べています。

親鸞は法然の教説への深い恩義を心に刻みました。法然は一二一二年に入滅しましたが、次のように遺言しています。

　孝養のため精舎建立のいとなみをなすことなかれ。心ざしあらば、おのおの群集せず、念仏して恩をほうずべし。もし群集あれば闘諍《とうじょう》の因なり。（『法然上人行状絵図』巻三九）[15]

ここに、報恩の概念、あるいは新しい責任意識の基点があります。それは親鸞の著作や言行録の至るところに見られます。たとえば、『歎異抄』を取り上げれば、神への服従や主への忠誠、あるいは子としての孝心といったような社会的責任には決して言及されず、ここに示すように、ただ信心を獲得することの重要性だけが強調されています。

　弥陀の本願には老少善悪の人を選ばれず、ただ信心を要とすとしるべし。（『歎異抄』第一章）[16]

本願はただ「信心」一つを人間に要求するのであり、それ以外は要求しないのです。そのため、『歎異抄』によれば、各個人の責任はただ信心を獲得することだけにあるのです[17]。言い換えれば、信心は報恩のための唯一の道なのです。ここに示す親鸞の和讃は感銘深いものです。

　如来大悲の恩徳は　身を粉にしても報ずべし

師主知識の恩徳も　ほねをくだきても謝すべし

（『正像末和讃』[18]）

親鸞は信心の行者に、報恩の道を歩むことを求めているのです。しかし同時に、報恩の行為は〈阿弥陀と私の関係〉という垂直的方向から、〈私と他者の関係〉という水平的方向へと移るということが注意される必要があります。『御伝鈔』では、親鸞は越後に配流されるという逆境のなかで、喜んで「これなお師教の恩致《おんち》なり」と語ったといわれます。この苦難に関して、親鸞は辺境の地の人々に法を伝えるという大きな責任を心に刻みました。そして、ここに彼は報恩の道を発見したのです。

仏慧《ぶって》功徳をほめしめて　十方の有縁にきかしめん
信心すでにえんひとは　つねに仏恩報ずべし

（「浄土和讃」[19]）

この「信心すでにえんひとは　つねに仏恩報ずべし」というところに、信心の行者の責任が表われています。一般的には浄土真宗には行がないといわれています。しかし、親鸞は報恩行や法を伝えることを求めています。『教行信証』信巻では、獲信者は「必ず現生に十種の益を獲る」と述べられており、常行大悲――常に大悲を行ずる益――は九番目に数えられています[20]。私は、ケネス・K・タナカ（Kenneth K. Tanaka）氏が「常行大悲は報恩行の中心的要素、あるいはわずかであっても、その表現の一つと理解するのが穏当であろう」と述べた見解に賛成です[21]。

私は建保二年（一二一四）に関東地方が飢饉によって惨害をこうむったときのエピソードを想起します。このとき四十二歳であった親鸞は上野国の佐貫《さぬき》にいて、浄土三部経千部読誦を発願したのです。鎌倉時代の公式記録である『吾妻鏡』（建保二年六月三日条）によれば、幕府は僧侶に『法華経』を読誦して雨乞いをすることを命じたといいます。おそらく親鸞もこれに同意したのでしょうが、すぐに自身がまだ自力心に報われていると気づき、中止したのです。親鸞の妻である恵信尼は、これを次のように回想しています。

身《み》ずから信じ、人をおしえて信ぜしむる事、まことの仏恩を報いたてまつるものと信じながら、名号の他には、何事の不足にて、必ず経を読まんとするやと、思いかえして、読まざりしこと。（『恵信尼消息』）(22)

親鸞は「身ずから信じ、人をおしえて信ぜしむる事」（自信教人信）を念仏行者の責任と考えたのです。

彼の伝道活動は関東在住の二十年の間に始められました。流罪が許されたのち、彼は京都に帰らず、新しい世界を求めて関東に移住したのです。彼は四十歳を超えていましたが、沙弥《しゃみ》として精力的に伝道活動を始めました。親鸞の曾孫である覚如は「幽栖《ゆうせい》を占むといえども、道俗跡をたずね、蓬戸《ほうこ》を閉ずといえども、貴賤衢《ちまた》に溢《あふ》る」と伝えていますが(23)、その活動はほどなく実を結びました。ここに念仏の僧伽《さんが》が誕生したのです。通例の集会は毎月二十五日に、亡き法然を憶念して行われ、会を維持するために布施が集められました。

念仏の僧伽は同朋、あるいは弟子仲間の共同体であり、そこでは悪人、あるいは下級階層として疎外されていたような人々も、同じように歓迎されました。それは、血縁や階級、そして伝統的な習慣などの閉ざされた共同体を超えた、信心の行者の開かれた共同体だったのです。ここに示すように、信心の行者は社会的地位に関係なく、互いに同朋として睦みあいました。

具縛の凡愚、屠沽《とこ》の下類、無碍光仏の不可思議の本願、広大智慧の名号を信楽《しんぎょう》すれば、煩悩を具足しながら、無上大涅槃にいたるなり。（『唯信鈔文意』[24]）

親鸞は法照の『浄土五会念仏略法事讃』を解説する中で、このように述べています。業の重荷を背負った人々は、無碍光仏の不可思議の本願によって無上涅槃へと導かれるのだと。親鸞は念仏において、既存の社会秩序——地方の魔術的・宗教的習慣と土着の封建的権威——を超えた、人々の精神的共同体を新たに示したのです。

三　謝恩

それでは信心のエートスはどのように考えることができるのでしょうか。私にとってエートスは依然として把握しがたい概念ですが、ここではこの言葉を「信心によって生み出される態度」と定義したいと思います。親鸞が「この信心をうるを慶喜というなり」（『唯信鈔文意』[25]）と述べているように、信心が生み出す態度は本願への感謝（謝恩）です。マイケル・パイ（Michael Pye）氏は「感謝は浄土真宗において特別な位置にある」と語っていますが、感謝は懺悔と不可分であることが注意されるべきでしょう。[26]親鸞の述懐の中に、次のような対照的な態度が見られます。

（例1）　慶ばしいかな・悲しいかな

ここに愚禿釈の親鸞、慶ばしいかな、西蕃《せいばん》・月支《がっし》の聖典《しょうでん》、東夏《とうか》・日域《じちいき》の師釈、遇いがたくして今遇うことを得たり、聞きがたくしてすでに聞くことを得たり。（『教行信証』総序[27]）

彼は「慶ばしいかな」と述懐しており、この「よろこび」は恩徳に気づくこと、あるいは真理への目覚めからきます。同時にこの「よろこび」は、「かなしみ」あるいは凡夫であるため十分に恩を謝することができないという懺悔と不可分です。

誠に知んぬ。悲しきかな、愚禿鸞、愛欲の広海に沈没し、名利の太山《たいせん》に迷惑して、定聚《じょうじゅ》の数に入ることを喜ばず、真証の証に近づくことを快《たの》しまざることを、恥づべし、傷むべし、と。

（『教行信証』信巻）(28)

彼はまた、「悲しきかな」とも述懐しています。この「かなしみ」は真理から遠く隔たっていることへの目覚めからきています。したがって、すでに考えたように、信心には「慶ばしいかな・悲しいかな」という二つの対照的な用《はたら》きがあるのです。このような感覚は「悲喜交流」といわれます。親鸞は法然の導きによる獲信について、『教行信証』の後序に詳しく述べ、「悲喜の涙を抑えて由来の縁を註す」という言葉で結んでいます。(29)「よろこび」と「かなしみ」は、彼の著作の随所に見られます。

（例2）　かたじけない・あさましい

日本では、仏教徒か否かにかかわらず、親鸞の著作は幅広く読まれています。なぜ、人々はこの中世の仏者に、それほどまでに興味をもち、また惹かれるのでしょうか。一つの理由は、彼が率直かつ誠実に、内面の自己をさらけ出したことにあります。彼の著作や言行録から「よろこび・かなしみ」の告白的叫びを聞くことができます。

弥陀の五劫思惟の願をよくよく案ずれば、ひとへに親鸞一人がためなりけり。されば、それほどの業をもちける身にてありけるを、たすけんとおぼしめしたちける本願のかたじけなさよ。

（『歎異抄』後序）(30)

この感銘を与える告白は、親鸞が晩年、よく口にしたものといわれます。「それほどの業をもちける身」と告白されているように、親鸞は自身の内に自分を涅槃へと導くような善因を、何ら見出すことができなかったのですが、阿弥陀の本願は無始已来ずっと、自分に、自分を救うためだけに、振り向けられていたと気づいたのです。だから、彼は「たすけんとおぼしめしたちける本願のかたじけなさよ」と「よろこび」の声をあげたのです。このとき、彼は阿弥陀――無限の光と無限の命の仏――の前にただ一人立っています。

周囲の人々に目を向けるとき、親鸞は、人々の多くが世間的出来事に埋没し、阿弥陀の智慧の光に目覚める機会をまったくもたないまま、無駄な人生を送っていることに気づきました。だから、たとえ京都に住んでいようとも、浄土の祖師の著作を書写し、彼自身の註釈とともに送ったのです。そこで親鸞は次のように述べています。

いなかのひとびとの、文字のこころもしらず、あさましき愚痴きわまりなきゆえに、やすくこころえさせせんとて、おなじことを、たびたびとりかへしとりかへし、かきつけたり。こころあらんひとは、おかしくおもふべし。あざけりをなすべし。しかれども、おおかたのそしりをかえりみず、ひとすじに、おろかなるものを、こころえやすからんとて、しるせるなり。（『唯信鈔文意』）(31)

ここで親鸞は「あさましき愚痴きわまりなき」人々と呼んでいます。親鸞の痛みは彼らが智慧とほど遠いあり方をしているというところにあったのです。

これらの例によって見てきたように、信心は「慶ばしいかな・悲しきかな」、「かたじけない・あさましい」というような異なった感覚を生み出すのです。このような対照的な感覚は真宗のエートスに相当するのではないかと、私は思います。

むすび

親鸞に、新しい宗派を立てるという意図は毛頭ありませんでした。彼は、ただ法然の弟子であったことを喜び、法然の教えを正法としてより深く理解し、人に伝えることに生涯を捧げたのです。覚如によれば、親鸞は次のような遺志を語ったといわれます。

某《それがし》親鸞　閉眼せば、賀茂河にいれて魚にあたうべし。（『改邪鈔』(32)）

貧しい彼は、弟子が葬儀を執り行うことを望まず、彼の身体を餌として魚に与えることを望みました。彼が心に留めていた唯一の望みは、弟子たちが今までどおり、念仏という形で恩に報いることであり、ここから信心の伝統が始まったのです。

後の真宗の発展について述べることは、ここでは必要ではありません。しかし私が触れておきたいのは、弟子たちによって受け継がれ、繰り返されていった信心の原型は、親鸞の信心にあったということです。のちに「感謝と懺悔」に加えて、「信順と批判」が信心のエートスとして重要になります。真宗門徒は何よりもまず、親鸞が教える正法に信順しなければなりません。しかし、同時に門徒の信心は常に法の鏡に写すことで、信心が教えに相応しているかどうかが確かめられ、批判されるのです。

真宗の歴史において、門徒の間で、「信順と批判」は「感謝と懺悔」に付き従って、真宗のエートスとして機能してきました。この理由から、『歎異抄』にさらに注意をはらわなければならないでしょう。親鸞滅後三十年ほどして書かれたこの本は、浄土真宗において非常に大きな役割を果たしてきました。『歎異抄』は、全体を前後二部に分けることができます。最初の十章は親鸞の言行録、そして後序を含む残りの十一章は著者である唯円房の言葉です。彼が恩に気づき報いることの重要性を強調しているのは、言うまでもないことです。十四章、十六章、そして後序に出ているように、彼は単に「恩」という言葉を用いず、尊敬をこめて「御恩」といいます。

しかしながら、注意されるべきは『歎異抄』の撰述の意図です。『歎異抄』という題は、「先師親鸞の真信と異なることを歎いた鈔録」という意味であり、門弟たちが本来の道からはずれたことへの唯円房の悲しみを示しています。彼は信心に関する誤解や歪曲を正そうとしたのです。『歎異抄』は信心のエートスが門徒の間でどのように用《はたら》いたかを物語っています。そして、室町時代には、本書の第一の発見者・蓮如（一四一五～一四九九）によって計り知れないほど大きな足跡が印され、明治時代には、本書の第二の発見者・清沢満之（一八六三～一九〇三）によって真宗の近代化が着手されました。私たちは『歎異抄』が蓮如、そして清沢の試金石であったことを忘れてはなりません。

（於、マールブルク大学、第三回ルドルフオットー・シンポジウム《浄土真宗と福音神学》、一九九九年五月七日）

註

（1） *Of Human Bondage and Divine Grace—A Global Testimony*, Open Court, 1992.

（2）『真宗聖教全書』二巻、六四五頁

（3）*Shinran's Gospel of Pure Grace*, The University of Arizona Press, 1965.
（4）『真宗聖教全書』三巻、六五三頁
（5）『大正新脩大蔵経』二五巻、四一三頁
（6）Ruth F. Benedict *The Chrysanthemum and the Sword—Patterns of Japanese Culture* P99.（ルース・ベネディクト『菊と刀――日本文化の類型』）
（7）『真宗聖教全書』二巻、一頁
（8）『真宗聖教全書』二巻、四七頁
（9）『真宗聖教全書』二巻、二〇三頁
（10）Karl Barth *Church Dogmatics*. trans. C.T. Thomson, Harold Knight（Edinburgh : T&T Clark）, 1-2, 340-344.（カール・バルト『教会教義学』）
（11）Galen Amstutz *Interpreting AMIDA*, SUNY Press, p.167 note19.（ガレン・アムスタッツ『阿弥陀の解釈』）。
（12）『真宗聖教全書』二巻、二〇二頁
（13）『真宗聖教全書』二巻、五二一頁
（14）『真宗聖教全書』二巻、五二七頁
（15）『法然上人伝全集』（井川定慶編）二四頁。
（16）『真宗聖教全書』二巻、七七三頁
（17）『曾我量深講義集』（彌生書房）
（18）『真宗聖教全書』二巻、五二三頁
（19）『真宗聖教全書』二巻、四九一頁
（20）現生十種の益とは、
1　冥衆護持の益、2　至徳具足の益、3　転悪成善の益、4　諸仏護念の益、5　諸仏称讃の益、6　心光常護の益、7　心多歓喜の益、8　知恩報徳の益、9　常行大悲の益、10　入正定聚の益、を意味する。『教行信証』信巻（『真宗聖教全書』二巻、七二頁）

(21) Kenneth K.Tanaka 'Jogyo Daihi in Jodo Shinshu Buddhism' *Engaged Pure Land Buddhism* (Wisdom Ocean, 1998) p.98（「浄土真宗における常行大悲」）
(22)『真宗聖教全書』五巻、一〇一～一〇二頁　六一九頁
(23)『真宗聖教全書』三巻、六四八～六四九頁
(24)『真宗聖教全書』二巻、六四六頁
(25)『真宗聖教全書』二巻、六五〇頁
(26) Michael Pye 'Ethical Requirements in Shin Buddhism' *The PURE LAND* (Journal of Pure Land Buddhism) new series no.6, 1989 p.173.（「真宗における倫理的要求」）
(27)『真宗聖教全書』二巻、一頁
(28)『真宗聖教全書』二巻、八〇頁
(29)『真宗聖教全書』二巻、二〇三頁
(30)『真宗聖教全書』二巻、七九二頁
(31)『真宗聖教全書』二巻、六五四～六五五頁
(32)『真宗聖教全書』三巻、八一頁

補論　パスカルの回心をめぐって

はじめに

およそ宗教的信仰においては、われわれの日常的思惟によっては推し量ることのできない問題が数多く存在するが、そのなかのひとつに「回心」の問題がある。すなわち、宗教的真理に触れる瞬間[1]において、まったく新しい精神世界へと転入する体験のことである。

古来、宗教的生を歩む純真熱烈な人々は、衝撃と覚醒の極限において、このような宗教的瞬間を体験しているが、その体験報告の例は古今の宗教者に枚挙のいとまがない。

しかし、回心とは単に突発的に起こる事件ではない。もしそうだとすれば、それは単なる感情の激発にすぎないし、結局そこには何の帰結もないであろう。回心には必ずそこに至る何らかの背景がある[2]。そしてその背景を探り、宗教的信仰の意味を問いただすことは、宗教に学ぶ者の変らぬ課題となるであろう。

パスカル（Blaise Pascal 1623~1662）は、私が最近特に心をひかれる宗教者の一人である。彼は、その数学や科学における業績によって、また「考える葦」とか「クレオパトラの鼻」というエピグラムによって、現代の人々に知られているが、彼自身は病苦と孤絶の中にあって真摯に宗教的生を歩んだ人であった。

そして、そのようなパスカルの人生を精神的にまったく変えてしまった事件、それが彼における「回心《かいしん》」(conversion)の体験である。パスカルは、その生涯に少なくとも二回そのような体験をした。すなわち、第一回は彼が二十三歳のとき、カトリックの伝統的信仰からジャンセニスムの自覚的信仰へと精神が転回したとき、第二回目は三十一歳のときの「火の夜」(la nuit de feu)の体験である。このときの回心は決定的なものであり、パスカルはその体験によって完全に「再生」(renouvellement)されたのであった。

小論はパスカルが回心という精神における決定的な転回をいかにして遂げて行ったか、その前景を明らかにすることを主眼としている。これは研究というよりもむしろメモランダムに近いが、パスカルの信仰体験の一斑に接することができれば幸いである。

なお、パスカルの原典としては、『パスカル全集』I、II、III 伊吹武彦・渡辺一夫・前田陽一監修(人文書院)、および *Pascal ; œuvres complètes-aux éditions du Seuil* を使用した。『パンセ』は、日本訳は Brunschvicg 版、オリジナルは Lafuma 版に基づいている。

一 ジャンセニスム

パスカルがどのようにして回心を体験していったかということについて論述する前に、まずわれわれが考慮しておかなければならないことは、パスカルの家庭的環境と当時のフランスの宗教的状況(3)である。

パスカルの父はその名をエチエンヌ（Etienne Pascal）と呼び、かつて税務法院の院長の地位にあったが、パスカルが三歳のときに妻を失い、それ以後は、独力でパスカルと二人の姉妹ジルベルト（Girbert）とジャックリーヌ（Jacqueline）を育てた。エチエンヌは敬虔なカトリックの信者であり、子供たちに対して宗教に対する尊崇の念を常に吹き込んでいたから、パスカルには早くから宗教を敬う気持が芽生えていたという。姉のジルベルトは幼年時代のパスカルを次のように伝えている。「これほど大きくまた広く、探究心にみちあふれ、あらゆるものの原因と理由を入念に探りもとめるこの精神は、同時に、すべての宗教に関することがらに対しては子供のように従順であった(4)」。即ち、パスカルに宗教心を溢れさせた水源には、その家庭環境と母の死があったのである。だが、パスカル家の宗教的生活が日々どのような形で営まれていたかということに関しては、残念ながら何も伝えられていない。恐らくその当時のフランスにおけるカトリック教徒の家庭がそうであったのと少しも変らない普通の宗教的生活であったろう(5)。

ところでパスカルが生まれる約一世紀ほど前からヨーロッパのキリスト教界は、二つに分かれて抗争していた。言うまでもなくプロテスタントとカトリックの相剋である。プロテスタントの運動は、ルター（Martin Luther 1483～1546）とカルヴァン（Jean Calvin 1509～1564）によって、ルネッサンス期における人間解放という時代思潮の影響を受けて、新しい神学思想のもとに押し進められた宗教改革の運動であるが、一方カトリックは、従来の教皇中心主義を守ってプロテスタントの運動に真っ向から対立した。

しかしながら、カトリックによる反プロテスタント、反宗教改革の運動も決して足並みが揃っていたわけではなく、自己改革をめぐって種々の論争が生じていた。なかでもわれわれがパスカルの信仰と思想を考察するにあたって注意しなければならない神学思想は、モリニスム（molinisme）とジャンセニスム（jansénisme）という二つの対立的な教説である。というのは、パスカルの思想は、ジャンセニスムを学び、モリニスムとその流れにある思想を否定することによって形成されたからである。

まずモリニスムであるが、この思想はイエズス会士（jésuite）の流れをくむモリーナ（Luis de Molina 1536~1606）によって主張された新しい教説であって、それは「自由意志の解放というルネッサンス的な時代の要求に、カトリックの内部にあって神学上実に巧みに応えるものであった」[6]という。

即ち、モリーナは『神の恩寵の賜と自由意志について』（*Concordia libri arbitrii cum gratiae donis*）という著書の中で従来の恩寵説と異なった見解を発表した。彼の恩寵論は、神の前における人間の完全なる無力性を強調したところのアウグスチヌス（Augustinus 354~430）の教説に対してそれを修正するような立場であって、モリーナによれば、神は善をなすのに必要なすべてのものを人間に与えるが、その恩寵は「自由意志」[7]（libre arbitre）が応ずることによってのみ効力を発揮するというのである。ここに神の恩寵に際しての人間の役割が重視され、アウグスチヌス派の「有効なる恩寵」（grâce efficace）に対して「助力の恩寵」（grâce suffisante）が対置されることになった。

しかしこのような説が出るや否や、カトリック教界は二つに分かれて反撥し合った。即ち、イエズス会がモリーナ説を支持したのに対して、アウグスチヌス派はもちろんのこと、トマス派及びドミニコ会もモリーナ説に対決の姿勢を示した。そして反モリーナ派の中にあっても、特にアウグスチヌスの教説を守り、モリーナ説を反駁することによって生まれた急進的な一派がジャンセニスムなのである。

ジャンセニスムの語は、その祖コルネリウス・ジャンセニウス（Cornelius Jansénius 1585～1638）の名に因んでいるが、同時にジャンセニスムの展開にあたってわれわれが忘れてはならない人物は、一般にサン・シラン師[8]（Abbé de Saint-Cyran 1581～1643）と俗称される修道僧である。彼はジャンセニウスの思想をたんなる神学上の教説にとどまらせず「ポール・ロワイヤル修道院」[9]を中心として宗教運動を組織した。

当然のことながら、ジャンセニスムは「自由意志」を説くモリーナ派の思想やルネッサンス的なユマニスムに対しては常に批判の目を向けていた。というのも、人間は「原罪」（pêché originel）のために本性が堕落しており、神にあってのみ真の幸福が得られるのであって、人間自身の手の中に神から離れて真の幸福が得られるとは考えなかったからである。彼らの目からみれば、モリーナ説やユマニスムは神の意志に背くものでしかなかった。このような思想の背景には、アウグスチヌスの恩寵説があるが、アウグスチヌスは、人間の善業がすべて「神の愛」（charité）に帰せられるものであり、人間は信仰を通じて初めて恩寵に触れ、まことの善を行うことができると説いた[10]。即ち、アウグスチヌスの教説によれば、人間が自由意志によって行うことは、すべてこれ悪であり、罪の根源となるのである。それは神中心主義の思想であり、人間中心のルネッサンス的精神とまったく対立するものであった。

以上、パスカルの背後にある当時の宗教的状況について一瞥したが、パスカルとジャンセニスムの決定的な出会いは、一つの事件を契機としている。即ち、一六四六年、パスカルの父エチエンヌは、外出した折、たまたま氷の上に足を滑らして腿の骨をくじくという事故にあったが、そのときエチエンヌの治療にあたったデシャン（Dechamps）兄弟はジャンセニストであり、パスカル家に出入りするうちに、家族全体に大変な宗教的影響を与えることになったのである。そのときパスカルは二十三歳であり、一家はパスカルの次にジャックリーヌ、エチエンヌ、ジルベルト、ジルベルトの夫と次々にジャンセニスムに帰依する。

デシャン兄弟は、特にパスカルに注目して、ジャンセニウスの遺著『イープルの司教、コルネリウス・ジャンセニウスによるアウグスチヌス』[11]（*Cornelii Jansenii Episcopi Iprensis Augustinus*）、『内的人間の革新について』[12]（*Discours de la Réformation de l'homme intérieur*）、サン・シラン師の著書『キリスト教の霊的書簡集』（*Lettres chrétiennes et spirituelles*）、『新しい心』（*Le cœur nouveau*）、およびジャンセニウスの息子アルノー（Arnauld Simon 1618~1699）の『頻繁なる聖体拝受について』（*De la fréquente communion*）等の書物をパスカルに与えたが、ジルベルトの伝記によれば、パスカルは「この読書によって神が弟を啓発したもうた結果、弟は神のみを目的とする」ようになり、「ほかの知識はすべてこれをなげうつ」ようになったという。[13] この体験が、パスカルをポール・ロワイヤルに結びつけ、後の精神的方向を決定することになった「最初の回心」（la première conversion）である。

二　理性と信仰

パスカルはジルベルトの証言にもかかわらず「最初の回心」の後も数学や科学において数々の業績を残しているが、パスカルにおいて「理性と信仰」(raison et foi) の問題はどのように解決されているだろうか。パスカルの科学的合理的な精神とジャンセニスムにおける徹底した信仰中心主義がどのように調和したかということは興味ある問題である。

この疑問に一つの解答を与える著作として、一六五一年に書かれた『真空論序言』(*Préface, Sur le Traité du Vide*) があげられる。それは回心後のパスカルの考え方を表わしている。そこでパスカルは学問を二種類に分けて考える。一方は権威に頼らなければならないところの地理学、法律学、言語学、神学などの学問であって、それらは人間が権威を記憶するということにおいて成り立つ。他方は理性の力に頼らなければならないところの幾何学、自然学、医学などの学問である。即ちこの学問は、人間が理性によって推理し実験するということにおいて成り立つ。だからジャンセニスムの影響下にあるとはいえパスカルは人間の理性を決して不当に評価しているわけではなく、自然学的な問題において、推理や実験のかわりに権威のみを持ち出す人に対しては、その迷妄をあわれんでいる。また同時に神学の中に推理を持ちこむということに関しても反対する。たとえばパスカルは、スコラ哲学を、神学に推理を持ちこんだとして非難している。(14)

それでは理性にとって不可解な問題にはどう答えるか。パスカルはそこに解決と確実を与えるためには、最大の権威、すなわち聖書に尋ねるのが一番よいとしている。なぜなら「神学の原理は自然と理性とを超えており、人間の精神は自分の固有の力でそれに達するにはあまりにも弱いから、全能の超自然的力によってそこまで運ばれないかぎり、これらの高い知識に達することはできない[15]」からである。

以上のことによってわかることは、パスカルが信ずべきことは信じ、疑うべきことは疑い、理性の力が及ばない問題に対してはこれを疑ってはならないというように、信仰を最終的に優位としながらも理性のもつ力を十分に評価したということである。

このような彼の態度は、一六五四年の「決定的回心」(la grande conversion) の後、『パンセ』(*Pensées*) を著したときまでも持続しているが、たとえば「二つの行き過ぎ。理性を排除すること、理性だけしか認めないこと」(B.253, L.183) という断章は、パスカルの姿勢を端的に示している。

ところで、『パンセ』の中でしばしば引用されていることからも知ることができるように、パスカルはモンテーニュ (Michel de Montaigne 1533~1592) を愛読した[16]。ところが承知のように、モンテーニュの思想的態度は、"*Que sais-je?*"《私は何を知っているか》である。信仰者パスカルがなぜこのような「懐疑主義者」(sceptique) の書物に親しむのか。この問に対してパスカルは、『ド・サシ氏との対話』(*Entretien avec M. de Saci*) の中で次のように答える。なぜならこの哲学者は、持ち前の懐疑的な精神から、異端者たちの独善に痛撃を加えるとともに、また同じ立場から、神は存在しないと断言する人々の恐るべき不敬虔をも撃破したからであると[17]。

なるほど、信仰は神の賜物であり、推理によってもたらされるものではない。だから信仰を得るために理性を使用することは誤っている。このような信仰における理性の否認は、「恩寵と自由意志」の論争において見た通りジャンセニスムの神学的立場である。しかしながら、神の愛によって信仰を得た後に、人間の理性を神に服従させ、それを正しく運用することは誤っていない。かえってそこにこそ真のキリスト教があるとパスカルは強調する。[18]

「理性と信仰」の問題に対するパスカルの態度は、生涯を通じて一貫している。だが、理性が真に信仰に服従したのは「決定的回心」を経た後であり、それまでは思想が信仰と一枚板になっていなかった。たとえば『真空論序言』においては、パスカルにとってキリスト教は権威と服従においてかかわっているのであって、後に『パンセ』において示されるように「心情」（cœur）において把えられているのではない。[19]だからパスカルのキリスト教はまだ理性の残りかすがあって、真に心情のキリスト教ではなかった。言いかえれば、「最初の回心」はまだまだ不徹底なものであり、彼はまだ神に見捨てられた人間の悲惨ということに気づいていなかったのである。後にパスカルは『パンセ』の中で「神を知ることから、神を愛するまでには、何と遠いへだたりがあることか！」（B.280, L.377）と告白している。この当時のパスカルにとっては、信仰の問題は悲痛な罪の意識に支えられてあったのではなく、その教えがどこまでも正当であるという理性的な確信によって支えられていた。だから彼は数学も科学も捨てずにすんだのである。

ところで信仰においても理性を捨てきれずにいるパスカルの精神的状況を示す資料に、パスカルが一六四八年一月二十六日に姉のジルベルト・ペリエに宛てた手紙[20]がある。それはちょうど「最初の回心」から二年目にあたるが、その手紙のなかでパスカルはポール・ロワイヤル修道院でルブール師

（Antoine de Rebours）に会見したときのことについて触れている。なかでもわれわれの興味をひく箇所は、パスカルが「反対者たちが常識に反するものだと主張している多くの事柄は、常識の拠って立つ原理によってもこれを証明することができる。もちろんこれらの事柄は理性の助けによらないで信じなければならないのではあるけれども、正しく導かれた理性はこれらを信ずるに到らしめるものである」[21]と主張したのに対して、ルブール師が「実に謙譲と卑下に満ち満ちたお答えによって、このお疑いを表明なさいました」という逸話である。この問答はパスカルの思想とジャンセニスムとの間に残る距離を示すものとして興味深い。

三　決定的回心の周辺

パスカルが「理性と信仰」の問題においてジャンセニスムの立場と若干くいちがっているとはいえ、この当時のパスカルのキリスト教信仰が熱烈なものでなかったと考えることは誤っている。たとえば一六四八年四月一日にジルベルトに宛てられた手紙を読めばいかに彼が神を敬慕しているかがわかる。即ち、その中にはサンシラン師の『召命について』（*De la vocation*）を読んだときの感激の模様が述べられているが、全体に文章が高調していることからもパスカルにおける信仰の進展が見られるのである。

ところで、妹のジャックリーヌも兄のパスカルの影響を受けてポール・ロワイヤルに出入りし、サングラン師（Antoine Singlin 1607〜1664）の説教を聴くうちに、信仰に見違えるような進歩を遂げた。

彼女はすぐにも修道院に入ることを決意したほどであったが、父のエチエンヌがそれに反対し、結局彼女はポール・ロワイヤルに通うことすらできなくなった。というのもジャックリーヌは一家にとって母のような存在だったからである。

ジルベルトの伝記によれば、その頃パスカルはかなり肉体的に苦しんでいたらしい。彼の病苦は天性のものであるが、その様子は液体は熱くなければいっさい呑みこむことができず、それも一滴ずつでなければ喉を通らないほどで、その他にも堪えがたい頭痛や便秘に悩まされていたという。彼が後になって『病の善用を神に求める祈り』(*Prière pour demander à Dieu le bon usage des maladies*)を書いたのも病気の苦痛に打ち克ちたいと願ったからであった。

一六五一年九月二十四日パスカルの父エチエンヌは突然亡くなった。この父の死によってパスカルは大変な痛手を受けたが、そのときの心境はジルベルトへの十月十七日の手紙で明らかである。[22] その中で彼は「もし六年前に父上を失っていたならば、私は道をあやまってしまっていたでしょう」と言っているが、六年前とはパスカルが最初に回心した年である。パスカルにとって父は、彼の才能を引き出した人であり、信仰に至る道を開いてくれた人であり、最良の相談相手であった。

だからパスカルは、父を失ってからしばらくの間病苦とともに精神的空白に襲われねばならなくなったのである。姪にあたるマルグリット・ペリエは次のように伝えている。「私の祖父が亡くなりますと、自ら財産を持つ身におなりになっただけに、なおさら易々と世間の人々と交わり続けられました」。[23] 即ちこれがパスカルの「世俗時代」(période mondaine)と呼ばれる人生の一時期である。

われわれがパスカルの思想を考える場合、この「世俗時代」のパスカルに与えた影響を忘れてはならない。パスカルはこの時代に多くの人々と交際をしたが、社交界には多彩な人々がいて、キリスト教的世界の他には何も知らないパスカルにとっては、すべてが驚きの対象となり、また彼の興味を引いた。その中には、ミトン（Damien Mitton）のようなニヒリスト、メレ（Antoine Gombaud Chevalier de Méré）のような「紳士」（bonnête homme）、デ＝バロウ（Desbarreaux）のような無神論者、ロアンネス公（Charlotte de Roannez）のような数学者、サブレ侯爵夫人（marquise de Sablé）のような気品のある女性などがいた。[24] このときの「放蕩」がなかったら『パンセ』は大部分の魅力を失ってしまったに違いない。「賭け」（pari）の論理も「人間の研究」（science de l'homme）もこのときの体験から生まれたものである。当時社交界の間では、宗教に対して懐疑的な人々が少なくなく、事実パスカルには積極的な不信仰に陥る危険性も生じたという。[25] 現代有数のカトリック作家モリアック（François Mauriac 1885~1970）は「若いとき勤勉で家に閉じこもっていた人が誘惑に負けてしまうことはよくあるが、おそらくパスカルは三十歳にしてこの誘惑にさらされたのであろう」[26] と言って、「世俗時代」のパスカルに対して同情を示している。

それでは、なぜパスカルはキリスト教的生活を捨てて世俗的生活を選んだのであろうか。ここでもパスカルの理性的性格とジャンセニスムの人間性否定論との葛藤があると言えるのではないか。十七世紀の時代思潮のなかからみた場合には、ジャンセニスムのアンチ・ヒューマニズムは偏狭であり、時代錯誤的である。そのような社会的風潮にあって、一切の外部的な誘惑を遮断するためには余程熱烈な信仰と好奇心の放棄がなければならない。ところがパスカルの天性は、好奇心にみち溢れた点にあらわれているのであって、数学に対する関心も真空に対する興味も、すべては彼の好奇心から生まれたものであり、それを否定することはパスカルの現世的死を意味するものであった。人間的な精神を否定して、神の愛を得るか、神の愛をあきらめて人間精神の自由の中に生きるか。神の愛には何の確証もなく、「気晴らし」(divertissement)の中には確実な喜びがあった。

「気晴らし」の最大のものは恋愛である。はたしてパスカルは女性に魅力を感じたことはないのであろうか。『愛の情念に関する説』(*Discours sur les passions de l'amour*)がもし本当にパスカルの書いたものであれば、パスカルはこの頃一人の女性を愛していたにちがいない。「強く愛していると、恋人を見るのはいつも新鮮だ。ちょっと別れていても、心にあるはずのものがないように思う。逢うのは何という喜び！」(27)。事実マルグリットはパスカルに結婚する意志のあったことを証言している(28)。

恋愛というもっとも世俗的な事件の中にあって、人間精神の偉大さを否定するポール・ロワイヤルは、パスカルにはいかにも苛立たしく思われたことであろう。

一方、妹のジャックリーヌは、エチエンヌの死を機会にポール・ロワイヤルに入る決意を固めたが、パスカルの反対にあい、父の死の四カ月後パスカルに無断でポール・ロワイヤル修道院に入った(29)。だから、パスカルの「放蕩」の背景には妹との別離があったことを忘れてはならない。

パスカルの信仰的後退をもっとも悲しんだのは、ジャックリーヌであった(30)。特に修道女となってからは、パスカルに世を捨てるようにと会う度に熱心に勧めた。パスカルにすれば、なかなか社交界を離れるということはできなかったが、彼は同時に快楽と自己の精神的空虚の中に安住し続けることができるような心の持主でもなかった(31)。何よりも彼の病弱がそれを妨げた。そして、快楽こそはもっとも健康を必要とするのである。このときのパスカルの心理的状態は、『パンセ』の中で定義した「気まぐれ」(inconstance)、「倦怠」(ennui)、「不安」(inquiétude)の交錯であったことと思われる。

とにかくパスカルはジャックリーヌの力強い優しい説得によって、かつての自分を取り戻しつつあった。彼は「人間の研究」を続けたが、研究を続ければ続けるほど、人間の「偉大さ」(grandeur)とともに人間の「悲惨さ」(misère)を見ないわけにはいかず、この世の「空虚」(vanité)を悟らないわけにはいかなかった。即ち、パスカルは、病苦と魂の危機のなかにあって、存在の「不条理」(absurdité)を全身全霊で感じとったのである。もはや「気晴らし」はパスカルを慰めなかった。なぜならば、「気晴らしは最大の悲惨」[32]であることが徐々に自覚されたからである。

そんなことがあって一六五四年九月頃からパスカルは頻繁に修道院にジャックリーヌを訪問し始めた。彼女は「この時以来それほどしげしげと、長時間の御訪問をなさいましたので、私はもうほかに仕事がなくなったくらいなのでございます」[33]とジルベルトに伝えている。パスカルは現在の暗澹たる心境を次のように語った。「自分は世俗の馬鹿さわぎや慰めごとがたまらなく嫌になったし、自分の良心にもたえず責められるので、何とかすべてこの世のものから離れたいと思う。……こんな風に執着を断ち切れたということは今まで一度もなかったし、これに少しでも似たことさえあったとは思えぬくらいだ。けれども自分は神さまの側からも、まったく見棄てられた状態にあり、神さまの方にひかれる気持も全然感じない。とは言いながら、力をつくして神さまの方に向おうとしているのだが」[34]云々。この兄の告白はジャックリーヌを驚かせたが、同時にそれと同じくらい大きい喜びを与えた。といって、ジャックリーヌは、自己不信に陥ったが従順なパスカルに対して、別に説教めいた話をするわけでもなく、兄の心のままに委せておいた。

確かに、パスカルの理性は神を信じることを命令していた。だが人は理性によって神を信ずるのではない。神は「心情」（cœur）を通じてのみ人間に信仰を授けるのである。理性は懐疑のうえにあり、信仰は歓喜の中にある。だから「理性による信仰」（la foi par raison）と「心情による信仰」（la foi par cœur）との間には天と地ほどの距りがある。

パスカルはダビデのごとく次のように叫ばずにはいられない。

"Inclina cor meum Deus in"

《神よわが心を傾かせたまえ》(35)

ある人は、パスカルの余りにもリゴリスティックで悲壮な調子に反撥する。たとえば『狭き門』の主人公アリサである。「全き信仰というものは、あんなに涙を流したり、またあれほど声をふるわせたりするものではないと思いますわ」と彼女は抗議する。(36) しかし、作者も言っている通り、そのふるえと涙によってパスカルの声は美しくなっているのである。

ところでパスカルは、ポール・ロワイヤルに出入りするうちに、ジャックリーヌ以外の人々からは教えを受けなかったのであろうか。サン・グラン師のような偉大な司教もそこには居たはずである。しかし、ジャックリーヌはパスカルが他の指導者を求めなかったことを伝えている。

ここにもわれわれは、人間性を否定し、「完全な痛悔」(37)（contrition）を要求するジャンセニスムの教説と悲惨さのうちにも人間の偉大を肯定するパスカルの理性とが衝突していることを見る。ジャックリーヌは「不羈の心の残滓」というが、われわれはかえってそこにパスカルの「誠実」（honnêteté）を感ずることができる。

もし人がそんなに簡単に理性を捨てることができるとすれば、その場合「信仰」(fides)とはたんなる「軽信」(credulitas)であろう。宗教的信仰は、むしろ理性がその極限にあって躓くときに獲得されるのである。あたかもアウグスチヌスがはじめ真理を哲学や種々の宗派の中で探し求め、そこでは真理を発見することができず、生涯の危機の頂点に立って、キリスト教によって手引きされたように、人は「理性の最後の一歩」[38](la dernière démarche de la raison)において、理性を超えた宗教的世界に到達することができるのである。

『罪人の回心について』(*Sur la conversion du pécheur*)は恐らくこの絶体絶命の境地において書かれたものであろう。この小さい論文は、神を求めつつも、いまだに神によって触れられていない魂の状態を克明に描写したものであるが、「罪人」(pêcheur)とはパスカル自身の自己意識であるに違いない。惟うに、「最初の回心」の頃のパスカルと、この地点に立つパスカルとの決定的な相違は、罪の自覚という一点にかかっている。即ち、このときのパスカルは、完全に「罪に支配された肉」として自分を意識している。

もはやこの「罪人」は平静を装うことができず、絶えざる不安につきまとわれている。それゆえに、神が罪人の信仰に対して報いるあの「聖悦」(charmes)を味わわないとはいえ、懺悔と痛悔の心をもって、神の前に跪拝する。

かくしてパスカルは、このような魂の苦痛に呻吟するうちに、ある夜突然に神の恩寵を体験するのである。すなわち、これが「決定的回心」である。パスカルは以後すべてを放棄して宗教的信仰に身を捧げることになるのであるが、その夜の感激を一枚の紙片に書きとどめ、のちにこれを羊皮紙の巻紙に丹念に書きうつし、さらにそれを衣服の裏に縫いつけた。それが『覚え書』（*Memorial*）である。

恩寵の年一六五四年
十一月二十三日月曜日……聖クリソゴーヌおよび他の人々の祭日の前夜、
夜十時半頃より零時半頃まで

火

アブラハムの神、イサクの神、ヤコブの神。
哲学者および識者の神ならず。
確実、確実、歓喜、平和。
イエス・キリストの神……
神以外の、この世および一切のものの忘却……人の魂の偉大さ。……
歓喜、歓喜、歓喜の涙。……
われ彼より離れておりぬ。……
イエス・キリスト
イエス・キリスト

むすび

「宗教の基礎。それは奇蹟である」（『パンセ』B.825, L.379）とパスカルはいったが、魂の奇蹟は、理性の躓きの極点において、突如訪れたものである。もし傷いたパスカルがそれを良しとしていたら、無の深淵は彼をニヒリズムへと呑みこんだであろう。

さて、小論は不完全のまま一端ここで擱筆されなければならない。多くの問題のうちの僅かしか明らかにすることができなかったが、パスカル研究の糸口を摑めただけでも当面は喜びとしなければならないだろう。

回心以前のパスカルの問題、たとえば「理性と信仰」の問題に関しては、Jeanne Russier の *La foi selon Pascal* I の La raison devant la Révélation に詳しいが、時間の不足から残念ながら検討することができなかった。この問題については他日を期して考察してみたい。

註

（1）聖書に「時（カイロス）は満ちた」（マルコ1：15）という。「カイロス」（kairos）は量的に量ることのできる形相的時間としての「クロノス」（kronos）とは対照的に内容と意味とに満ちた質的時間である。

（2）その浄土教の例として善導の『観経散善義』における「二河譬」を挙げることができるだろう。それは「回心」に至る実存的背景を見事に叙述するものである。

また回心の心理学的研究としては、ウイリアム・ジェームズ『宗教経験の諸相』が歴史的古典として想起される。

（3）当時の宗教事情を推察する上に役に立つ研究として次の著作があげられる。本章はこれらを参考にして論述された。

(1)ルイ・コニュ『ジャンセニスム』クセジュ文庫白水社、朝倉剛・倉田清訳

(2)中村雄二郎『パスカルとその時代』東京大学出版会

(3)岳野慶作『恩寵文書解説』パスカル全集II、人文書院
(4) Miel: "*Pascal and theology*" The John Hopkins Press, London 1969
(4)『パスカルの生涯』パスカル全集I、一四頁
(5) "Pascal et la Liturgie" par Philippe Sellier 1966.p.3
(6) 中村雄二郎『パスカルとその時代』一八〇頁
(7) イギリスの修道士ペラギウス（Pelagius 360~420）は恩寵の問題について人間の自由意志の役割を強調し、アダムの罪は子孫に及ばない、人間は自分だけの力で罪を避けることができると主張し、アウグスチヌスと論争をした末に正当教会から異端の宣告を受けた。ジャンセニスムの立場からすれば、モリナ派もカルヴァン派も、ユマニストたちもペラギウス派ないしは半ペラギウス派であった。
(8)『ジャンセニスム』の著者ルイ・コニュは、サン・シランの教説が、ジャンセニウスよりも信心派の影響が強いとしている。二二頁参照。
(9) Port-Royal女子修道院は、一二〇四年シトー会によって創立された。一六四七年、サン・シランはPetites Ecoles de Port-Royalを修道院から独立して作った。この建物は現在でも残っており、ジャンセニスムに関する資料が陳列されている。ラシーヌがここで学んだのは有名な話である。J. Fourcassié: "*Racine et Port-Royal*" par librairie hatier, Paris 参照。
(10) ドーソン他『アウグスチヌス』筑摩叢書、服部英次郎訳参照。E・ジルソンはアウグスチヌスの思想が「回心の形而上学」であるという。一九七頁参照。
(11) この書はジャンセニスムの理論的支柱となった。オラトリオ会、ドミニコ会、男子カルメル会及びソルボンヌの多くの神学者は、この思想に賛同したが、当時の宰相リシュリューは自分自身モリナ派を支持したので、「五ケ条の命題」によってジャンセニスムを告発し、一六五三年にはローマ教皇に異端を判決させることに成功した。『ジャンセニスム』五三頁参照。
(12) 中村雄二郎氏は、この書がパスカルに及ぼしただろう影響を重視している。前掲書一九五頁参照。
(13)『パスカルの生涯』パスカル全集I、一五頁

(14) サン・タンジュ師（俗名ジャック・フォルトン）は、宗教の玄義を理性によって説明し証明しようとしたがパスカルはそれに反対し、一六四七年に異端としてルーアン大司教に告発した。パスカルにはそのように気性の激しい所があった。
(15) 『真空論序言』パスカル全集Ⅰ、六六頁
(16) 『ド・サシ氏との対話』でパスカルは自分の愛読する書物として、モンテーニュの『エセイ』の他に、エピクテタスの『語録』をあげている。
(17) 『ド・サシ氏との対話』パスカル全集Ⅰ、一〇六頁
(18) 『パンセ』(B.269 L.167)
(19) 「神を感じるのは、心情であって、理性ではない。信仰とはそのようなものである」(『パンセ』B.278 L.424)
(20) 『書簡集』全集Ⅰ、二〇九頁
(21) パスカルのこのような考え方は基本的には「決定的回心」後もかわらない。「けれども宗教をもたない人々には、神は彼らに心情の直観をとおして宗教を与え給うまで、かりに推理によってそれを与えてやるほかはない」(『パンセ』B.282 L.110)
(22) 『書簡集』パスカル全集Ⅰ、二八七頁
(23) 『パスカルの生涯について覚え書』パスカル全集Ⅰ、五五頁
(24) ここに挙げた人々の解説は、"*Pascal ; œuvres complètes*" L'intégrale 版 p.650 notices des personnes cités に詳しい。
(25) Bloom : "*Pascal*" published by Arnold, London 1965 三四頁
(26) モリアック『パスカルとその妹』安井源治、林桂子訳、理想社、一一六頁
(27) 『愛の情念に関する説』パスカル全集Ⅰ、八五頁
(28) 『パスカルの生涯についての覚え書』パスカル全集Ⅰ、五五頁
(29) その時の赦罪の手紙は『書簡集』(16)
(30) 参照『パスカルの生涯』パスカル全集Ⅰ、一九頁

(31) 一六五二年六月スウェーデンのクリスチナ女王に宛てた手紙は、「もしこの私が熱意と共に健康にも恵まれておりましたならば……」で始まっている。『書簡集』(17)パスカル全集Ⅰ、三〇二頁
(32) 『パンセ』(B.171 L.414)
(33) 『書簡集』パスカル全集Ⅰ、三四〇頁
(34) 前掲書
(35) 『パンセ』(B.284 L.380)
(36) 『狭き門』アンドレ・ジッド、山内義雄訳、新潮文庫、一六〇頁
(37) ジャンセニスムは、「罪の赦し」(absolution)に際しては「完全なる痛悔」(contrition)が必要であるとした。一方モリーナ派は、地獄への恐怖のみに基づく、罪の後悔という「不完全な痛悔」(attrition)でも罪は赦されるとした。
(38) 「理性の最後の一歩は、理性を超える事物が無限にあるということを認めることである」(『パンセ』B.267 L.188)

あとがき

信とは何か。これは、今日に至るまでの私の問いである。私が信を問うのは、何よりも信が主体を成立せしめる根拠となるからである。この課題に、私自身が満足できる解答を得たわけではない。ただ、その問いを抱きながら、私は、かつて実存的困窮の中から主体の成立を求め、信に生き、信の意義を開示した先人の歩みを尋ねてきた。危機の中から自己を確立した親鸞、苦悩の中に個を確立した清沢満之。とりわけこのふたりの仏者は、私にとって考究すべき最も大切な師表（＝指標）となった。

このような考究の過程で、私は、信の成立の背景や意義について、いくつかの場で発表する機会を得た。今回も、機会に恵まれて、とくに親鸞の信に焦点を当てて、以前から書きとどめてきた諸稿のいくつかを、一書に纏めることになった。初期の論考は、当然のことながら未熟ではあるが、逆に若さゆえの瑞々しさもある。基本的には、現在の私の問題関心も当時とさほど変ってはいない。内心忸怩たる想いを抱きながら、あえて本書の一部として収録することにした。

本書の『親鸞・信の構造』というタイトルは、私の関心の所在を示している。このようなだいそれたタイトルを冠することが、はたして本書に似つかわしいかどうか、いささか面映ゆいものがある。親鸞の信の内部構造にまで踏み込めていないからである。しかしたとえ輪郭の一部分にしか触れえないにせよ、信を構造的に解明することは、折々に私が目指したことであり、これからも私の重要な課題となる。「構造」という概念は、機構（mechanism）、構図（composition）、その他、多様な意味を内包していよう。親鸞の教学思想の構造を、私自身は、伝統的な真宗学の方法にはこだわらず、自由な方法で理解しようと努めてきた。とくに初期の論考には、その傾向が顕著である。指摘されるまでもなく、親鸞教学研究の主流からすると、私のアプローチが変調気味だったのは否めない。だがこの手法は、そのときの私なりの試行錯誤の結果だったのであり、決して変調を好んだためではない。

本書に収載した数篇の拙稿を振り返ってみただけでも、ジグザグと揺れながら、鈍牛のような遅々とした歩みを続けてきた自分がみえる。パスカルへの関心に足を踏み入れたとき、恩師の松原祐善先生は、「パスカルもいいですが、安心（あんじん）は親鸞でないといけません」と、凜として仰せられた。どのように歩いてもよい。しかし本道を見失ってはならない——。そのような厳しい警策であったと想い起こされる。このあやうげなジグザグ運動は、これからも続いていくであろう。

深広無涯底といわれる如来の智慧海は、到底汲み尽くすことはできないが、信について愚考を巡らしながら、「一三渧のごとき心、大きに歓喜せん」（『教行信証』行巻）という教言は、素直に受けとめられるようになった。今後も先師の信に学ぶ姿勢を保持していきたいと念じている。本書に載せた諸稿について様々なご意見をいただき、浄土の信とは何か、浄土の信を生きるとはどういうことか、というこの課題を究明する新しいステップを踏むきっかけとなれば幸いである。

本書の刊行にあたっては、法藏館社長の西村七兵衛氏、編集長の上別府茂氏から格別のご配慮を賜った。ここに記して謝意を表する。

二〇〇四年二月十四日

安富　信哉

初出一覧

序　章　親鸞の教学・思想・人間像（原題「素描　親鸞の教学・思想・人間像」）
『伝統と現代』通巻第六十四号「世界宗教聖言集」、伝統と現代社、一九八〇年。

第一章　テキストとしての「浄土三部経」
『不安と救い――聖典をどう読むか――』大谷大学、一九九六年。

第二章　浄土教と神話
『真宗研究』第二十一輯、真宗連合学会、一九七六年。

第三章　仏弟子阿難
『親鸞教学』四十・四十一合併号「浄土の教言」、大谷大学真宗学会、一九八二年。

第四章　海の論理
『親鸞教学』二十九号、大谷大学真宗学会、一九七六年。

第五章　夢告と回心
『仏教』二十三号「特集　夢」、法藏館、一九九三年。

第六章　宿業――その論理と倫理――
『真宗の教学における宿業の問題』第二巻、真宗大谷派教学研究所編、東本願寺出版部、一九九八年。

第七章　親鸞における恩寵と責任の概念（原題「真宗における恩寵と責任の概念」）
『仏教とキリスト教の対話』ハンス-マルティン・バールト、マイケル・パイ、箕浦恵了編、法藏館、二〇〇〇年。

補論　パスカルの回心をめぐって

『大谷高等学校研究紀要』8号、京都大谷高校、一九七〇年。

安冨信哉（やすとみ　しんや）

1944年　新潟県村上市に生まれる。
1967年　早稲田大学第一文学部英文学専修卒業。
1973年　大谷大学大学院博士課程真宗学専攻単位取得退学。
現　在　大谷大学文学部教授。博士（文学）。
　　　　真宗大谷派僧侶（三条教区22組光済寺）。
著　書　『親鸞と危機意識』（文栄堂書店，1991年）
　　　　『清沢満之と個の思想』（法藏館，1999年）
　　　　『教行信証への序論—総序を読む—』
　　　　　　　　　　　　（東本願寺出版部，1999年）
　　　　『選択本願念仏集私記』
　　　　　　　　　　　　（東本願寺出版部，2003年）
　　　　『親鸞の教え—教行信証「総序」に聞く』
　　　　　　　　　　　　（共著，同朋舎出版，1989年）
編　著　『清沢満之—その人と思想—』
　　　　　　　　　　　　（共編，法藏館，2002年）

親鸞・信の構造

二〇〇四年二月一四日　初版第一刷発行

著　者　安冨信哉
発行者　西村七兵衛
発行所　株式会社　法藏館
　　京都市下京区正面通烏丸東入
　　郵便番号　六〇〇-八一五三
　　電話　〇七五-三四三-〇〇三〇（編集）
　　　　　〇七五-三四三-五六五六（営業）

印刷・製本　亜細亜印刷株式会社

ISBN 4-8318-8952-0 C1015